自由貿易は私たちを幸せにするのか？

上村雄彦・首藤信彦・内田聖子 ほか

コモンズ

もくじ●自由貿易は私たちを幸せにするのか？

序章

公正な貿易のルールを創りだす

内田聖子

1 メガ経済連携協定時代の終わりの始まり？

貿易ルールの行き詰まり

２０１６年11月８日、アメリカ大統領選挙で共和党候補のドナルド・トランプ氏が勝利した。大企業や投資家、一部の政治家、ロビイストが牛耳ってきたワシントン主導の政治と経済に、ラスト・ベルト[1]をはじめとする労働者・中間層・貧困層・失業者・若者が明白に「ノー」を突き付けた、歴史的な結果と言える。

もちろん、トランプ氏は差別主義者であり、女性やマイノリティ蔑視というアメリカ史上最悪の資質を持つ候補者でもあった。しかし、有権者の多くは、リベラル層を代弁するヒラリー・クリントン氏にではなく、トランプ氏に、自らの苦境を根本から変えてほしいという望みを賭けたのだ。それほどまでにアメリカの国内産業は傷み、格差と貧困が広がっている。

トランプ氏の勝利ではっきりしたのは、ＴＰＰ（環太平洋経済連携協定）がアメリカで批准される見込みはほぼなくなり、発効が絶望的となったことだ。もちろんその後には、日米二国間での自由貿易協定（ＦＴＡ）あるいはＴＰＰ参加12カ国での再交渉、まったく別の貿易交渉など、いくつかのシナリオが描かれるだろう。いずれの選択であれ、日本はＴＰＰ以上の苛酷な交渉を強いられることになる。

ともあれ、２０１５年10月に大筋合意し、16年2月に署名されたＴＰＰは、「死んだ」。大企業や投資家の意向によってつくられ、１９９０年代以降続いてきた「アメリカルールのスタンダード化」の最終段階であるＴＰＰが、ほかならぬアメリカ自身によって葬り去られるとは、多くの人びとが想定していなかった皮肉な結果である。

「どんなに懸命に働いても、生活していけない。なぜ？」

「何か大きな力によって、自分たちの幸せな暮らしが奪われている」

「億万長者と自分たちと、同じ人間として何が違うのか？」

いま世界で、多くの人びとがこうした「感覚」を共有している。これらの問いの根本には、現在の経済の仕組みの行き詰まりと、不平等なルール、そして再分配の機能不全がある。現在の貿易ルールでは、多くの人びとは生きていけない。その事実を政治的選択によって突き付けた象徴的な出来事がアメリカ大統領選挙であり、またイギリスのＥＵ離脱である。

振り返れば、現在の貿易ルールの行き詰まりはアメリカ大統領選挙の前から明らかだった。世界には無数の自由貿易が網の目のように張り巡らされ、交渉中も含めれば３００を超える。世界貿易機関（ＷＴＯ）が停滞する中で二国間貿易協定が推進され、その延長上に到来したのがいわゆるメガ経済連携協定（ＦＴＡ）時代だ。５大メガ経済連携協定とは、ＴＰＰ、ＴＴＩＰ（環大西洋貿易・投資パートナーシップ協定）、ＲＣＥＰ（東アジア地域包括的経済連携）、日本ＥＵ経済連携協定、そしてT i S A（新サービス貿易協定）を指す。これらの交渉はいずれも、２０１６年に入って明らかに停滞した。

異様な日本政府の姿勢

「これは自由貿易の話ではなく、協定でさえありません。これは基本的に、アメリカと欧州連合の経済エリート間の、国民の意思に反する連中の権益を守るための取引です」

２０１６年８月28日に開かれた記者会見で、ドイツのシグマール・ガブリエル副首相兼経済・エネルギー相は、ＥＵとアメリカの自由貿易協定であるＴＴＩＰをこう評し、交渉は本質的に失敗したと断じた。

その直後の９月１日、この声明に呼応するかのように、ＲＣＥＰについて、日本・中国・韓国とＡＳＥＡＮ（東南アジア諸国連合）は、「２０１６年内」としてきた大筋合意の目標期限を事実上先送りする方針を固めた。もともと目指していた２０１５年中の妥結が一度延期され、さらにもう１年かかることになったわけだ。日本とＥＵの経済連携協定も目途が立っていない。

ドミノ現象のように雪崩打つこれら協定の停滞・頓挫は、「５大メガ経済連携協定時代の終わりの始まり」を私たちに示唆する。メガ経済連携協定が矛盾と限界を露わにし、世界は確実に次の貿易体制を模索せざるを得ない。その中で２０１６年12月９日、日本は死に体となったＴＰＰを批准した。その他の貿易交渉も粛々と進めている。こうした日本政府の姿勢は、きわめて異様である。

2　矛盾を生み出し続ける貿易と日本の課題

特定集団のための「管理」された貿易

１９９０年代以降進められてきた世界貿易の枠組みは、ＷＴＯの停滞後、二国間ＦＴＡへと移り、さらにメガ経済連携協定と呼ばれる地域間貿易協定となった。ＴＰＰやＴＴＩＰ、ＲＣＥＰ、日本ＥＵ経済連携協定、新サービス貿易協定、日中韓ＦＴＡなど、世界は大規模なメガ経済連携協定の網で何重にも覆われ、それぞれが関連し、影響を与えながら、交渉が進んだ。

こうしたメガ経済連携協定のレジームは当初、ＷＴＯや二国間貿易協定の次の段階として「必然的に」登場した。ＴＴＩＰやＲＣＥＰが正式に交渉開始となり、ＴＰＰにも日本が参加した２０１３年ごろ、研究者やマスメディア、大手シンクタンクのリサーチャーは「メガ経済連携協定時代の到来」と歓迎。日本の通商交渉戦略もこの流れに乗って突き進むべき、との論を各所で展開した。

しかし実際には、交渉はアメリカが主導し、アメリカがかねてから用いてきた「協定文のフォーマット」を使いまわしながら進められてきた。その実態は、シグマール氏の言葉どおり、純粋な自由貿易協定などでは決してなく、力のあるものにとってのルールづくりにほかならない。ノーベル経済学賞を受賞したジョセフ・E・スティグリッツ氏の言葉を借りれば、「TPPもTTIPも、自由貿易ではなく、特定の集団のために『管理』された貿易であり、人びとには何も利益はない」(2)。EUがTTIPをなかば断念している根幹には、大企業による支配、それもヨーロッパ社会という共同体の自治や主権、法システムにまで手がつけられてしまうことへの深い嫌悪感がある。

メガ経済連携協定が行き詰まっているのは、TPPやTTIPなどに強い反対を示し、交渉や批准の足踏みに追いこんできた欧米市民社会の力によるところが大きい。アメリカのTPP反対運動もEUのTTIP反対運動も、1990年代以降続いている反グローバリズム運動に原点を見出すことができる。

市民社会はこうした協定の秘密主義を民主主義の根幹への脅威とし、投資家対国家の紛争解決制度(ISDS)を主権侵害と捉え、EU議会や各国政府を動かしてきた。いずれも、多様なセクター、階層が重層的につながりあい、幅広い運動を展開している。この30年間で進んできた貧困や格差、EUにおいては移民による社会変化が、その背景にある。

そもそも、「自由貿易を拡大すれば、貧困も格差も是正される」というのが、自由貿易推進論だった。では、この30年間で世界の人びとは等しく「豊か」になったのだろうか?

答えはNOである。いまも10億人以上が1日1・25ドル未満で生活し、上位10%の富裕層が世界の富の87・7％を所有している（世界銀行調査）。１９８０年代に標榜されたトリクルダウン（富める者が富めば、貧しい者にも自然に富が滴り落ちる）は、実際には起こらなかった。それどころか、行き過ぎた市場原理主義や自由貿易が貧困と格差を生み出すことが実証されている。それは、グローバル経済を推進してきた経済協力開発機構（ＯＥＣＤ）や世界銀行、経済学者たちも認めるところである。

貿易の変容への対応

そして貿易は、モノからサービスへとシフトした。現在の貿易協定における最重要分野は、投資や金融、知的財産、電子商取引だ。貿易交渉の最大の目標は、金融や投資のさらなる自由化にあり、グローバルなサプライチェーンの構築にある（25ページ参照）。私たちが貿易や貿易交渉を論じるとき、こうした前提を共有できていなければ話がかみ合わない。農産物の関税問題と、サービス貿易の拡大、投資や金融の自由化は、まったく異なる種類の議論であるからだ。

こうした変化はすでにさまざまな問題を引き起こしている。たとえば大企業による投資は、相手国の環境破壊をもたらし、住民や地元政府から強い拒否にあい、最終的にはＩＳＤＳを使って提訴をするケースが増えている。

そもそもＩＳＤＳの起源は、１９５０年代のアジア・アフリカの植民地独立の時代にまで遡る。独立を果たした国々が領土内の外国人財産を国有化するケースが増えたため、1959年の西ドイツ（当時）とパキスタンの投資協定を皮切りに導入されるようになった。その後、主に先進国の投資家や企業が投資先の途上国での予期せぬ制度変更や規制強化、クーデターによる土地の接収などへ対応するセーフティネットとして使われてきた。

一方1990年代以降は、先進国政府をも対象とする大企業のツールに変容していく。アメリカ政府がカナダ企業から訴えられたのは、その典型的ケースだ（38・68ページ参照）。環境保護のための政策変更であっても、企業や投資家から訴えられてしまう。

そしていま、新たな課題が私たちに問われている。

「環境か、利潤か？」

「民主主義や自治か、企業の特権か？」

「人びとの基本的人権か、大企業や投資家の自由か？」

同時に、この対立を誰がジャッジできるのだろうか。

貿易協定の変化、その背後にある産業界や各国政府の意図、そしてそれらに抵抗する国際市民社会の活動が私たちに突き付ける課題は非常に多い。私たちが行ってきたTPP反対運動の視野の狭さや力量の不足、市民と官僚や国会議員、政治と社会運動との距離感を、反省とともに振り返らざるを得ない。

めまぐるしく動く情勢の中で、日本は今後どのような通商交渉を展開しようとしているのか。そこで守られる「国益（＝国民益）」とは何であるべきなのか。また、貿易の質の変容と、それに伴う各国と大企業・投資家の意図を、日本の市民社会はどこまで正確に捉え、対抗する提言や運動が展開できるのか。

大企業は世界中で自由を謳歌している。だが、人びとの暮らしや地域経済、自治や民主主義、環境などを犠牲にして、それが許されるのだろうか？　先進国の市民社会として、貿易や投資がグローバルなレベルで、人びと（とくに途上国の貧困層）や地球環境にどれほどの負の影響を与えるかを、責任ある立場として考えていかなければならない。

すでに欧米市民社会では、具体的な代替案の議論が進められている。環境破壊や人権侵害を起こさせないように、貿易協定に企業を強く縛るルールを導入するための議論も活発だ。インドネシアやブラジルでも、投資協定からＩＳＤＳを除外したり、締結済みのＩＳＤＳを含む投資協定を破棄する動きがある。貿易自体を完全に否定することはできない。しかし、現在の自由貿易や経済には間違いなく大きな問題がある。だから、単に反対を訴えるだけでなく、対案を出そうとしているのだ。

グローバルなルールをどうつくり、大企業の度を越えた利潤追求をどう規制していくか、不平等で不公正なＩＳＤＳなどのメカニズムをどう改良していくか。こうした議論は、残念ながら日本では非常に弱い。私たちはどうすればよいのか？　本書の企画はこの根本的な問いから出発した。

❸ 本書の構成

第1章では、貿易の本質とは何かを国際政治経済学者で元衆議院議員の首藤信彦氏に論じていただいた。貿易のあり方の変容を正確に読み取ることが、今後の通商交渉を市民の側から変えていくための前提となる。

6年間にわたるTPP交渉の末、巨大な地域経済組織としてのメガ経済連携協定が世界のすべての人びとに環境や健康、地域間格差や公正な社会という点で悪影響をもたらしていることがはっきりした、と首藤氏は指摘する。TPPの最難航分野は医薬品の特許であった。本章では、食の安全・安心や人権、公共サービスなど私たちが生きるうえでの基本的な営みにまで市場経済のルールが適用され、多様性や多元性が奪われることへの懸念が示されている。このルールのもとでは、企業が経済活動の主役となり、国家をも訴えられる。そこに至るまでの経緯を通史的にまとめた本章は、これからの貿易のあり方を論じるにあたって、きわめて重要な視座を私たちに与えてくれる。

第2章は、メガ経済連携協定を市民社会の側から批判し、対抗運動をつくってきたお二人に、対談形式で登場いただいた。アメリカの「パブリック・シチズン」のメリンダ・セント・

ルイス氏と、ベルギーに拠点を置きEU全域で大企業のウォッチを行う「Corporate Europe Observatory（CEO）」のローラ・ブリュッヘ氏である。彼女たちは自由貿易協定に抵抗する国際市民社会のトップランナーであり、それぞれの現場の経験から私たちが得るものは実に大きい。欧米市民社会はメガ経済連携協定の何に反対し、何を守ろうとしているのかが、浮かび上がってくるであろう。

第3章では内田が、日本が参加するメガ経済連携協定であるRCEPについて論じた。TPPの頓挫がはっきりして以降、にわかに注目されるようになったRCEPは、TPP同様に完全な秘密交渉である。マスメディアはその事実をまったく指摘していない。私たち国際NGOは、日々の情報収集やわずかなリーク文書から分析を続けている。

RCEPの大きな問題は、貿易や投資の自由化がアジアの途上国に与える負の影響、とりわけ医薬品へのアクセス、農民の種子に関する権利、ISDSなどである。一般的にRCEPは「中国主導」と言われるが、リーク文書によれば、途上国に有害な提案をしているのは日本と韓国だ。両国は率先して、RCEPにTPPと同水準の強い知的所有権保護などを提案している。こうした点を中心に、先進国としての日本の立ち位置や、途上国の貧困削減、ジェンダー平等、環境保護などと貿易・投資がはらむ矛盾を指摘した。

第4章は、マレーシア出身の経済学者で、長く国連機関でも活躍してきたジョモ・K・スンダラム氏が、貿易協定に期待される経済効果がいかに恣意的に各国政府によってつくられているかについて、ＴＰＰを素材に検証した。同氏は、アメリカのタフツ大学が２０１６年1月に行ったＴＰＰの影響試算の研究メンバーでもある。２０１６年5月の来日時には、日本政府の試算があまりに楽観的すぎると驚いていた。２・６％（約14兆円）のＧＤＰ増、80万人の雇用増という内容であったからだ。タフツ大学の試算では、日本もアメリカもマイナス成長で、日本の雇用は７・４万人減となっていた。

具体的に論じたのはＴＰＰによる影響だが、ジョモ氏の指摘する「貿易の経済効果の政治性」という問題は、他の貿易協定にも通じる。いかなる貿易協定であれ、「経済効果」「経済成長」などの美辞麗句を用いた政府試算は、これからも私たちに提示されていくだろう。本章はそれらを冷静に読み解いていくための示唆を与えてくれる。

最終章である第5章では、グローバル・タックス論の第一人者である上村雄彦氏に、パナマ文書が明らかにした、タックス・ヘイブン（租税回避）によって合法的に納税を免れている多国籍企業の実態を論じていただいた。すでに２００1年時点で、世界資産の25％はわずか３００の多国籍企業で占められ、その売上げは世界貿易の3分の2を占めている。

「自由貿易」と言われれば、国家間の貿易のように聞こえる。だが、実際には世界貿易の約60％は多国籍企業内部で生み出されている。そこで得られた富が、活動している国の税金として、あるいは労働者の賃金として再分配されずに、租税回避されてしまう。多国籍企業は国家を飲み込む存在となり、政治にも影響を与え、「1％のガヴァナンス」を謳歌している。それゆえ、格差や貧困は悪化し、社会のあちこちに生じた歪みが差別や移民排斥、「テロ」という形になって表れていると、上村氏は指摘する。

では、国際市民社会は何をすべきなのか。企業の利益追求は禁止できないが、環境や人権の保護、貧困削減などのグローバルな課題に逆行するような企業行動は規制されなければならない。国際市民社会が提案してきたグローバル・タックスについても、具体的に論じていただいた。

イギリスのＥＵ離脱、アメリカ大統領選挙とＴＰＰの「死」、多くのメガ経済連携協定の行き詰まりを経て、世界の貿易のあり方は根本からの変革を求められている。貿易の基本的な考えとルールを変えなければ、誰もが安心して人間らしく生きることができない。だから、貿易の問題点の放置は決して許されない。

本書は、個別の貿易協定を論じるという狭い枠組みから大きく踏み出し、貿易や投資の全容と本質を市民社会の側から分析して対案を提起するという意味で、これまでにない取り組みであろう。多くの方々からのご意見やコメントをいただければ幸いである。

（1）中部から北東部の、鉄鋼・自動車などの産業が衰退した地域。ミシガン州、オハイオ州、ペンシルベニア州など。ラストは金属のさびを意味する。

（2）「ＴＰＰと規制緩和を問い直す」『集英社クオータリー kotoba』２０１３年夏号のインタビュー。

第1章

人びとを幸せにする貿易協定を求めて

世界「貿易」の変容とメガ経済連携協定の脅威にどう立ち向かうか

首藤信彦

1 メガ経済連携協定の時代

社会主義経済圏の消滅、グローバル経済の確立、インターネットの普及、素材革命や遺伝子操作などの新技術革新、中国・インドのような巨大市場をかかえた新貿易アクター（主体）の登場、アメリカの国際社会における政治・経済力の衰退……。ダイナミックに変動する世界状況を受けて、「貿易」はその概念や意義の変容を迫られている。

グローバル経済の確立によって、従来の国際管理システムも、各国の既存の国内制度も、さらに国家の境界を形成していた国境も、以前のような存在感や存在意義を失った。一方、それらを包括的に管理するはずの国連や国際通貨基金（IMF）、国際復興開発銀行（IBRD）、世界貿易機関（WTO）などの国際経済組織も脆弱化し、ある部分では機能不全に陥り、世界経済はアナーキーな状況に移りつつある。

その中で、残存する政治・経済的影響力、そしてイラク戦争という狂気の選択がもたらした圧倒的な軍事的支配力とその存在感を駆使して、アメリカは成長著しいアジア・太平洋地域に、自己にもっとも都合のいい地域経済管理システムを構想した。それが環太平洋経済連携協定（TPP：Trans Pacific Partnership）である。

アジア太平洋地域の一部でこうした巨大地域経済システムが形成されれば、大西洋・西ヨーロッパ、ユーラシア、東アジアにおいても対抗上、類似の広域地域経済連携システムが成立しなければならない。すでに、アメリカとEUの間で環大西洋貿易・投資パートナーシップ協定(TTIP：Transatlantic Trade and Investment Partnership)が進められ、モノからサービスへと21世紀の産業の変化を代表するサービス分野では新サービス貿易協定(T-iSA：Trade in Services Agreement)がTPPと並行して協議が進められてきた。

そうした流れに対抗して、中国はヨーロッパ諸国を巻き込んで2015年にアジアインフラ投資銀行(AIIB：Asian Infrastructure Investment Bank)の設立にこぎつけた。また一方で、東アジア地域包括的経済連携(RCEP：Regional Comprehensive Economic Partnership)構想によって、インドを含めた巨大な貿易自由化圏構想を進めている。

このような巨大で広範な地域をカバーする投資・貿易・サービス分野での大規模な地域経済連携協定を、メガ経済連携協定(Mega Economic Partnership)と定義しよう。

そのいずれからも参入を拒否され、さまざまな理由から孤立する国家は、国連加盟196カ国中、実に四分の三にのぼる。これらの諸国は今後、新時代の「貿易」から排除されて極度に不利な交易条件のもとで長期的に衰退するか、国際社会と断絶し、問題児として存在感を際立たせるなどの独自の対応をとらなければならないだろう。その巨大な地球レベルでの不利益と調整コストは、現在のメガ経済連携協定を構築する者の脳裏には描かれていない。

ＴＰＰ協議では、伝統的な市場アクセス問題（関税問題）を皮切りに、知的財産権（知財）問題、地域経済や社会インフラ、さらに投資家対国家の紛争解決制度（ＩＳＤＳ：Investor-State Dispute Settlement）など、関係国独自の国家政策やその国の未来戦略を拘束するようなテーマの議論が萌芽的に進められた。その意味でＴＰＰ協定は、今後の経済連携協定すべてのモデルになる。それゆえ、自由貿易のあり方を問う本書でＴＰＰに詳しく言及している。

６年間にわたるＴＰＰ交渉の末に見えてきた新しい視座は、ＴＰＰそして今後のメガ経済連携協定が、もはや経済的・政治的あるいは制度的要素を取り扱うだけでは、広範な国民経済と社会への影響を把握し、管理することができないということである。国際社会において、こうした巨大な地域経済組織がつくられれば、世界全体の環境や健康、そして地域間格差や公正な社会への悪影響も避けられない。最近、その事実がようやく理解されるようになってきた。

ＴＰＰ交渉と同じ時期、国際社会では地球環境の保全をめぐって、国連気候変動枠組条約第21回締約国会議（ＣＯＰ21）が開催され、幾多の紆余曲折を経て２０１５年12月に合意に達し、パリ協定が成立した（２０１６年11月に発効）。地球規模の問題認識と喫緊の環境対策について、高い次元での基本政策が国際社会全体で決められたことになる。当然、貿易や投資などの経済活動そしてメガ経済連携協定も、拘束されることになろう。

現代社会の貧困、格差社会、環境劣化、人権侵害、紛争と難民などに、貿易問題が無関係のはずがない。それどころか、貿易はこうした深刻な問題の原因や加速因子の可能性がある。

ＴＰＰの成否と可否を問わず、パリ協定が規定する環境問題や現代世界の貧困・差別・格差問題などへの対応策は、必ず今後のメガ経済連携協定交渉に取り込まれて議論されるであろう。将来の経済連携協定は経済的価値の達成だけでなく、地球に住む者が幸福を達成できることを前提に構築されなければならない。

❷ 貿易の変容と消滅

いまや貿易＝Tradeは、その概念を急速に変えている。その主体は国家から企業へ移りつつある。ただし、現時点では、財とサービスの移動が国境を超える場合には必ず国家の管理を受ける。したがって、Ａ国からＢ国への物品の貿易は必ず二回の国境管理＝通関に従わなければならない。その際のスクリーニング（適格審査）の手段が関税である。これによって、内外価格差を調整し、国内産業を保護できる。同時に、それは国家の重要な歳入源でもある。

資本・流通の自由化と国家の防波堤の消滅

ビジネスの国際化とともに、企業の海外活動は貿易を超えて投資に進む。企業が貿易相手国に直接投資するようになると、しだいに企業と国家の関係は変化する。企業は製造価格と現地市場での販売価格の直接管理・操作が可能となり、関税、そして法人税による保護政策を事実上骨抜きにすることもできる。これが1970年代に国家主権をしのぐ存在として登場した多国籍企業問題である。巨大化し、国家に匹敵する財力を持つ企業は、国家管理を越えた経営能力の発揮が可能となった。

輸出入において政府の管理を受けるとはいえ、本・支店間の人材交流と膨大な情報交換を考えれば、多国籍企業は経営資源の操作、さらに世界規模で展開するネットワークの操作によって、関税や法人税を回避あるいは軽減できる。それが移転価格(Transfer Pricing)のシステムである。それを通じて大幅な利益を得た多国籍企業は、自身の国際ネットワークを通じて、税率の極端に低い租税回避地(Tax Haven)へ利益を移して保管することも可能となっていく(第5章参照)。

巨大化した多国籍企業は、その政治への影響力を行使して、政府間貿易協定をも自社に都合のよい内容に誘導できる。このような行為は昔からあったが、現代のように多数の多国籍企業の意思がシステム的に政府の政策構想に反映されることはかつてなかった。

GATT(関税および貿易に関する一般協定)においても、それを引き継いだWTOにおいても、国際交渉が回を重ねるごとに、各国の国民経済上の要請に加えて、多国籍企業の具体的主張が強くなった。また、貿易の内容が物品から無形のサービスやパテントなどの知的財産にシフトしていくにつれ、国家の直接的な貿易管理は一層困難になった。

21世紀最初のメガ経済連携協定であるＴＰＰが目指したものは何か。それは、通関や関税の障壁を事実上撤廃させ、各国の制度や保護政策の障壁を可能なかぎり低め、民主主義社会の特徴でもある地方自治に基づく制度や法制をも改変・消滅させて、自社の製品を最大の利益を確保できる条件のもと、最速で、最終消費者まで配達するシステムの完成である。

流通・交通と通信インフラの自由化

当初、ＴＰＰが「貿易」問題だと定義づけられていたために、その経営学的側面、すなわち多国籍企業の経営戦略上の意味が理解されなかった。実は最初から、ＴＰＰの解説にはサプライ・チェーン（supply chain）、バリュー・チェーン（value chain）という概念が散見されたが、貿易協定の専門家もその意味を理解せず、読み飛ばしていた部分があると思う。ましてＴＰＰを農業問題だと誤解した日本では、このコア戦略を理解できなかった。

サプライ・チェーンは、原材料・部品の調達から、製造、在庫管理、販売、配送までをどのようにつなげていくかを意味する。一方バリュー・チェーンは、経営学者のマイケル・ポータが１９８５年の著作『競争優位の戦略――いかに高業績を持続させるか』（土岐坤ほか訳、ダイヤモンド社）で提起した経営戦略上の概念である。

多国籍企業が最大の利潤をあげるためには、原材料採掘でも、海運でも、製造プロセスでも、消費者へ直接配達する直販のプロセスでもよい。要するに、プロセスごとに価値（バリュー）を生み出し、各プロセスをもっとも効率的に組み合わせて管理すれば、全体で最大利潤が転がり込む。こうした考え方を進めると、多国籍企業が原料採取から製造、輸送、マーケティング、販売、そして消費者への配送までのプロセスを一貫して管理できれば、最大の利潤を得られることになる。

そのシステムが企業経営にとっての理想形だとすると、何が障害となるか？　言うまでもなく、企業に対する国家の統制・規制である。すなわち、国境における管理、税制度、対象国内のさまざまな規制、地方自治体の条例、慣行、さらに対象国の非効率的な輸送・交通・通信インフラなどだ。多国籍企業の利潤最大化の障害となるそうした要素の除去こそが、ＴＰＰの最大の眼目であった。

もちろん、ＴＰＰはいまだ発効していない。いや、トランプ政権のもとで廃棄される可能性がきわめて高い。だが、すでに地下鉄などの民営化、日本郵政やＮＴＴなどの業務制限、アメリカ航空会社の羽田空港乗り入れ拡大のように、アメリカは着々と日本で実績をつくりつつある。

「貿易」は「社内取引」へ

そのようなシステムが完成すれば、以前は国家が管理していた貿易は、多国籍企業の管理する本・支店間貿易、最終的には企業内取引となる。それが当該企業にとって理想の環境と経営システムであることは、間違いない。この段階で、貿易は完全に多国籍企業に内部化される。今後、「貿易」は「社内取引」となり、これまで貿易として表現されてきた要素の多くは単なる長距離輸送となる。その結果、製品の流通コストが大幅に下がる。同時に、これまで貿易に関係していた経済構造、制度、流通システムに巨大な社会的調整コストをもたらすであろう。

たとえば、新薬がアメリカで開発され、アメリカの食品医薬品局（ＦＤＡ）が直ちに認可し、市販されたとしよう。現在は、その新薬が日本の患者の手に届くまでには、厚生労働省の長期間の臨床試験や検査、承認のプロセスが必要となる。販売には専門商社が介在し、最終的にスーパーなどの店頭で売られるにしても、病院診療や薬剤師の存在と監視が義務化されている。

一方、「明日からはインターネットで直接、アメリカの製薬会社のホームページに申し込んでください。明後日にはお手元に到着します」となれば、日本での臨床試験も政府の認可を待つ長い時間も、研究者も薬剤師も不要となる。薬剤師を育てる薬科大学もいらなくなる。

たしかに医薬品の名目的なコストは下がる。しかし、万一、薬害や深刻な副作用が発生した場合、その対処を誰が責任を持って行うことになるのか、場合によっては巨大な国家的損失になる。薬剤師が対面するカウンターでの注意や飲用のアドバイスなしに、高齢者や妊婦が特定の薬を誤用する可能性は高まるだろう。日本社会でそれをアメリカのように、自己責任原則や日常化した訴訟にゆだねるには限界がある。また、仕事と子育てが両立できるキャリアとしての薬剤師という職がなくなれば、女性の社会進出にも影響を与えるだろう。

既存の規制や社会システムを棄却してまで、流通コストを下げることが、本当に私たちにメリットをもたらすのか。それとも、流通コストを減らした分、社会的調整コストが増大して結局は同じような結果になるのか。あるいは、日本社会に回復不能な悪影響を与えるのか。いずれにしても、これまでほとんど真剣に検討されていなかった。

3 貿易思想の変遷——自由から正義へ

貿易の国際管理

各国は少しでも貿易の交易条件をよくしようと、頻繁な制度変更を行い、非経済的要素を導入し、軍事的圧力を加える。経済理論がいかに自由貿易の優位性を説いても、現実の貿易においては、しだいに国家管理、非経済要素、軍事的支配力が重要になっている。

第一次世界大戦後の大恐慌は各国に、近隣窮乏策すなわち隣国や貿易相手国に失業や景気後退などの不利益を押し付ける政策をとらせた。輸出拡大のための一方的な通貨切り下げは隣国に突然の輸入増をもたらし、それを回避するための政策が通貨引き下げ競争の引き金となる。こうして、最終的には第二次世界大戦が引き起こされた。

そこで二度と戦争を起こさないために、金融、経済と貿易を国際的に管理する構想が生まれた。西側連合国側の経済担当者（アメリカはハリー・ホワイト、イギリスはジョン・メイナード・ケインズ）は1944年にアメリカのニューハンプシャー州ブレトンウッズに集まり、戦後の国際経済レジームについて話し合う。こうして設立されたのが、通貨の安定を目指すIMF、基礎的不均衡が生じたときに融資する国際復興開発銀行（IBRD）、そして貿易を管理する国際貿易機関（ITO）である。

ITOの設立を目指すハバナ憲章は1948年に成立し、52カ国が署名した。ところが、肝心の主唱者アメリカが自国の農業、サービス、投資分野が規制・管理されることを好まず、議会がハバナ憲章を承認しなかったため、ITOは流産した。この間のいきさつは、TPP問題を考える際に大きな教訓となる。

世界貿易拡大のためには関税引き下げは急務であり、ITOの一部の機能を担うGATTが臨時措置として1947年に成立していた。GATTのもとで、ケネディ・ラウンドなど工業製品の関税縮小が進められ、やがて農業にその対象が向けられていく。

農業は純粋に経済問題というより、国家の存立基盤や地域の社会問題でもあり、容易に政治化する。それゆえ、農産物関係の関税撤廃は遅々として進まなかった。だが、1986年に開始され、94年に成立したウルグアイ・ラウンドでは、それまでのケネディ・ラウンドや東京ラウンドのような工業製品の関税引き下げ交渉から、一転して農産物の自由化に焦点が移る。さらに、貿易に関連する投資措置協定（TRIM）や、サービスの貿易に関する一般協定（GAT

S)、知的所有権の貿易関連の側面に関する協定(TRIPS)が成立。機能不全に陥ったGATTを改組してWTOを設立することも決まった。ITOを破綻させた課題がWTO構想で再生してきたのである。

二国間FTAの隆盛とNAFTAの登場

1995年に誕生したWTOはGATTを引き継ぐ形をとり、本部も同じくスイスのジュネーブに置かれた。

WTOでは後のドーハ・ラウンド(2001年からカタールのドーハで開催)で象徴的に顕在化したように、非関税障壁、サービス、技術など、伝統的貿易概念を超えたテーマが多く含まれ、交渉は容易にまとまらなかった。中国とインドという巨大な貿易新興国の登場に加え、国内に多国籍企業の生産拠点を持ち、工業製品輸出国となった多くの発展途上国も自己主張するようになる。会議を重ねても包括的合意の成立はきわめて困難だった。結果的に、アメリカは多国間(マルチ)交渉におけるリーダーシップの発揮をあきらめて、共通の価値観を持つ近隣国と独自の貿易圏をつくることに戦略を切り替える。

このような背景の中で、アメリカ・カナダ・メキシコの3カ国で北米自由貿易協定(NAFTA)が1994年に誕生した。北米という地理的・市場的近接性、言語・文化的融和性という共通項を持った巨大地域経済連携の初めての成立である。並行して、アメリカ政府はラテンアメリカ諸国をはじめ、アメリカが政治的支配力を行使できる貿易国と個別に自由貿易協定(FTA)を結んだ。2012年には韓国とのFTAも発効し、アメリカがFTAを結んだ国は20に達した。

アメリカは、北米という巨大地域市場と自国の政治影響圏内に自由貿易圏をつくることに成功したのだ。NAFTAはある意味で、戦後最大の地域貿易圏とそれを管理する協定である。それは、のちに拡大NAFTAとして、TPP、TTIP、TiSAなどメガ経済連携協定が構想される基礎となる。

当初、日本はWTOでの多国間交渉を貿易戦略の基本にすえ、二国間FTAには消極的であった。当時は日本に経済力と貿易上の競争力があり、特定国との二国間協定で貿易のパターンを決めるよりも、全世界を相手に貿易するという考えが強かったと言える。加えて、農業など比較劣位にある産業を保護するため、大幅な自由化を求められるFTAには消極的であった。しかし、2001年の小泉政権誕生とともに、それまでの独自外交路線をアメリカとの同盟強化路線へ転換。二国間FTAを急ぐアメリカに合わせて、しだいにFTAに向かうようになった。その新路線の終着点として、TPPの参加へ舵を切ったのである。

公正貿易概念の登場

一方この時期に、さまざまな問題をかかえた国際貿易とは別の流れとして公正貿易(Fair

Trade）という概念が登場し、１９９０年代に市民権を獲得していく。

自由貿易が行われても、産品によっては交易条件が不利化する。あるいは、技術革新などによって利益率の不平等が生まれ、やがて固定化する。場合によっては、貿易すればするほど交易条件が悪化し、環境破壊そして貧困化が進行する。たとえば、スーダンなどアフリカの農産品輸出国では、綿花の輸出が一時的に繁栄して外貨を稼いだが、やがて連作や農薬蓄積による環境劣化で生産量が極端に落ちた。さらに、主食耕作地を輸出作物に転換した結果、今度は逆に小麦を輸入しなければならなくなる。

こうして、「自由」な貿易が参加国の福祉や社会の発展に貢献しないどころか、それを阻害する現実が表面化してきた。自由貿易は「正義」を失ったのである。

途上国の農産品は世界市場で買いたたかれて、交易条件が極度に悪化する。たとえば、小規模な山間地域の農園で栽培するコーヒーは品質が良くても、流通の基準ロットに達していなかったり、品質にばらつきがあったりして、値下げを求められる。あるいは、他の大生産地のコーヒーと混ぜられて、先進国のスーパーで安価に売られる。しかし、高品質のコーヒーをＮＧＯが別な輸入ルートと販路を開拓して売れば、価値どおりの金額を小規模農園に支払えるだろう。

「見えざる手」（市場）がもっとも効率の高い均衡を招くのではなく、人びとの英知が介入して、発展途上国の生産者にも適正な利益が確保される貿易システムは、倫理的に公正＝フェアである。公正貿易の主たる要素は人間の幸せであるから、被災地救援や差別撤廃や女性の地位向上などの非経済的価値や人道的な要素を付け加えることもできる。

幻のシアトル・ラウンドとドーハ・ラウンドの失墜

こうした変化の中で、世界は何らかの新しい貿易ルールを定める必要があった。ウルグアイ・ラウンドの影響、そしてＮＡＦＴＡ成立直後から国内で農業問題が深刻化したメキシコの例からも、大規模な貿易協定が発展途上国の経済と社会に深刻な影響を与えることがわかったからである。

先進国経済においても、製造業の生産拠点の海外移転などによる失業の拡大が顕在化した。それは、自由貿易協定が約束したのとは真逆の事態である。労働組合や市民団体、ＮＧＯなどの貿易協定への不信と不満は急激に蓄積していく。そして、１９９９年11月30日から12月３日までアメリカのシアトルで開かれたＷＴＯ閣僚会合に際し、大規模な暴動として表面化した。閣僚会合は、この大暴動に直面して事実上流会する。同時に、ＮＧＯが取り組む貧困や差別、環境問題などが貿易と直接に深く結びついていることが理解されるきっかけとなった。

２００１年からのドーハ・ラウンドは、最初から大きな課題をかかえることになった。ひとつは、シアトル暴動が提起した途上国の発展、格差是正、人権、環境保全といった新しい課題をどのように貿易管理システムに盛り込んでいくかである。もうひとつは、アクターの変化である。貿易新興国、旧社会主義国、中国・インドという巨大貿易国が世界貿易における強力な貿易アクターとして登場し、旧世界の金持ちクラブ的性格のブレトンウッズ体制が修正を余儀なくさせられたのだ。

いかなる国際会議においても、協議を続けるだけでは合意に達しない。一国がリーダーシップをとり、自国の利益を原資にして他国に分け、自己犠牲のもとに全体をまとめて合意を誘導しなければ、結論に到達できない。戦後の多くの国際会議において、超大国アメリカはそういう立場にあった。だが、アメリカはすでに、多国間会議を主導して合意形成を導くエネルギーも熱意も欠いていた。

超大国アメリカの戦略転換としてのＴＰＰ

一方、アメリカはＮＡＦＴＡでの経験を活かし、自国を中心とする独自の貿易圏構想にのめりこんでいく。それは以下の点でアメリカに有利であった。

①Ｐ４協定への参入

アメリカは、ニュージーランド、シンガポール、ブルネイ、チリの４カ国で２００６年にスタートした最初のＴＰＰ、いわゆるＰ４(Pacific-4)協定の革新性に目をつけた。それは、大規模な貿易・経済の自由化協定である。

この４カ国はそれぞれ、モノカルチャー的な性格を持つ。農業国家のニュージーランド、商業都市国家ともいうべきシンガポール、石油に浮く島と言われるブルネイ、そして鉱物資源が豊富なチリ。それぞれが他国に比較優位がある産業分野をあきらめ、自国が得意な分野は関税撤廃で優遇してもらう、いうなれば、短所と長所とを組み合わせた凸凹国家連合がＰ４協定である。交渉は国家間の横の関係で平等に行われ、２００６年に発効した。

そこに、すべての産業分野をカバーし、圧倒的な経済力を持つアメリカが参入し、参加国が拡大して現在のＴＰＰとなる。その結果、参加各国相互の水平協議ではなく、それぞれアメリカとの上下の政治・経済関係が交渉内容を決定するようになる。同時に、アメリカは自国が競争力を持つ分野、得意な知的財産や金融サービスなどのテーマを盛り込んだ。こうしてＴＰＰは、すべてがアメリカを中心とする経済連携協定へ変化したのである。

②軍事・政治的リーダーシップの活用

二国間の協議において、アメリカは交渉国との経済的・政治的・軍事的な特殊関係を交渉に活かした。たとえば、ベトナムとは中国の脅威への対抗、日本とは沖縄問題や尖閣諸島問題を含むさまざまな安全保障分野での交渉がＴＰＰに一体化した。

③勃興するアジア太平洋圏の支配戦略

アメリカにとって、ＴＰＰは単なる巨大地域経済圏ではない。それは、巨大で持続的経済成長が期待され、エレクトロニクスをはじめさまざまな未来市場が関係するアジア太平洋地域を、アメリカ主導で管理し、その利益をアメリカ経済が享受できることを意味する。同時に、それは多くのアジア太平洋諸国をＴＰＰに囲い込み、同様の意図をもって食指を伸ばして拡大を続ける中国から切り離すことを可能とした。

④日本を活用するメリット

アメリカがこの地域でリーダーシップを発揮する際に有利なのは、アメリカの構想や管理に従属し、さらにアメリカに批判的な国の説得にもあたってくれる、日本という絶好のパートナーの存在があったからである。

深刻化する世界状況と正義の回復を求める声

最近になって、「貿易の正義」すなわち、はたして社会の福祉、正義の確立や回復に貿易は役立つのかという問題意識が登場してきた。

現在の世界はすさまじい格差社会、絶対的貧困、低開発、固定化した敗者、疫病・感染症の蔓延に苦しんでいる。アフガニスタンとイラクでの戦争、シリアの内戦、アフリカの騒擾などによって、ヨーロッパに流れ込んだ難民は２００万人と言われる。貿易は本来、こうした世界的な課題の克服に貢献する貴重な要素である。これまでＦＴＡの流行やＴＰＰなどのメガ経済連携協定の交渉に沈黙していた国際社会と国連も、貿易と正義の問題に着目し、声を出しつつある。

たとえば健康分野では、20世紀末からの最大の課題であるエイズ対策やガン治療を契機に、医薬品のパテント（特許）期間延長に批判が集まった。毎日飲まなければならない抗エイズ薬は、アメリカの製薬会社の純正品なら年間70万円ほどかかる。だが、同等の効果があるとされるジェネリック薬品はインドやタイで製造され、年間数千円ですむ。エイズで苦しむ患者や家族のためと同時に、将来の感染者増加を抑えるためにも、安価な抗エイズ薬は必要不可欠だ。ＴＰＰによってパテント期間が５年延長されれば、その５年間だけで、発展途上国で膨大な犠牲者が発生する。

また、貿易が正義への脅威になるという事実が、貿易国の国民レベルでもようやく理解され始めた。そのきっかけにはＩＳＤＳ問題がある。貿易や多国籍企業の経営の結果、発生した犠牲者を救済し、あるいは新たな犠牲者をださないように政府が規制すると、それによって被害を受けたと主張する多国籍企業が損害賠償の訴えを第三国で起こす。それに対して、当該国の司法当局や裁判所ではなく、仲裁機関が企業よりの仲裁案を裁定し、その結果は当該国家を拘束し、損害賠償は国民の税金から支払われる。このようなシステムには、誰しもが疑問を持つだろう。

たとえばエクアドルでは、アメリカの石油メジャー・テキサコ社（２００１年にアメリカのシェブロン社に買収された）がアマゾン川流域での石油開発に際し、石油採掘時に発生する汚染水および石油汚泥などの汚染物質を不法投棄した。そのため、生活の糧を生み出す河川が汚染され、６つの先住民族を含む３万人の流域住民に健康被害が発生した。

エクアドルは憲法上、自然を法的主体と考え、自然への不可侵の権利を認めている。１９９

3年に先住民共同体らが自国とアメリカの裁判所にテキサコ社を訴え、アメリカの裁判では最終的に本件はエクアドルで裁判すべきと決定された。その後エクアドルの最高裁判所は2012年に95億ドルの賠償金を課した。ところが、裁判を引き継いだシェブロン社はオランダ・ハーグにある常設仲裁裁判所(PCA)へその無効を提訴。仲裁パネルはエクアドル政府に対して、賠償金支払い請求判決の執行を停止することを命じたのだ。

アメリカでISDSへの批判が急激に高まったのも、やはり環境問題がきっかけである。2015年にオバマ大統領が、カナダからオクラホマ州、テキサス州へ原油を運ぶキーストーンXLパイプラインの建設計画を却下すると、トランスカナダ社が翌年、NAFTAにおけるISDS条項を根拠に150億ドルの賠償金を求めて提訴した。このパイプライン・プロジェクトについては、以前から環境保護NGOをはじめ多くの市民団体が反対活動を展開していたが、現実にISDSに基づいてアメリカに対して提訴が行われたことにより、NAFTA自体への批判も加わり、一挙にISDSとそれが組み込まれたTPPへの激しい反発に発展した。

企業活動による環境破壊に関しては、1960年代の公害問題の深刻化を受けて、汚染者負担原則(PPP：Polluter Pay's Principle)が確立している。人類の学習効果と言ってもよい。ところが、今後はISDSのもとで、汚染者(多国籍企業)が政府から操業停止や損害賠償を命じられたとき、それによってビジネスが停止し、本来獲得されるはずの利益が消失したとして、その消失分を政府に賠償させることも可能となった。汚染者自己負担ではなく、汚染者が被害者であるはずの国民の税金から賠償を受けるのである。汚染者負担原則から国民負担原則（ＴＰＰＰ：Tax Payer Pay's Principle）への信じがたい大転換だ。

このように、貿易や多国籍企業の直接投資は、地域の貧困、そして格差や差別の元凶となる可能性がある。したがって、貿易が正義を守り、増幅させる役割を貿易協定に明記するべきだという論調が、にわかに市民権を得るようになったのである。

４　経済大国の横暴へ盛り上がる批判

アメリカの生物学的製剤・知的財産の優位性確保

ＴＰＰは一見、多国間貿易交渉であり、参加国の利害が等しく反映されているように思われる。しかし、実際にはアメリカ一国で参加12カ国のＧＤＰの60・３％を占める。同じく17・７％を占める日本の全面協力を前提とすれば、実に78％もの実質的な支配力を持っていることになる。事実、協定の構想と骨子はアメリカの最大利益を前提に組み立てられてきた。

ＴＰＰほどあからさまにアメリカの利益確保を前提とした貿易構想は、これまでにない。そこには、アメリカの国際政治経済への影響力が後退する中で、外国から稼いで内政に充てることを目的とせざるを得ない状況がある。

かつて「GMにとって良いことはアメリカにとって良いこと」と豪語したデトロイトの自動車企業経営者がいた（デトロイトにゼネラルモーターズの本社がある）。また、現在のように自動車が大衆レベルまで普及するには、フォード・モーターの創設者であるヘンリー・フォードが開発したT型フォードとその生産方式があったことは言うまでもない。たしかに、アメリカは世界の自動車の頂点に長く君臨してきた。だが、いまや自動車メーカー販売台数トップ10までに日本・韓国勢が多数並ぶ。

これに対して、製薬業ではファイザー社が世界の製薬業界のトップにある。そして、現在もっとも期待されている、バイオテクノロジー技術によって生み出される生物学的製剤分野では、アメリカ企業が圧倒的な力を誇る。公的研究所、シンクタンク、大学研究所、企業研究所などのピラミッドの頂点に君臨して常に世界をリードし、巨大な利益を得ている。その絶対的優位は当分の間、揺らぐことはない。

同様に、知的財産分野においても、その圧倒的な研究体制によって独占的な地位を維持してきた。ハイテク技術だけでなく、ハリウッド映画の画像ソフトや、1928年の誕生以降ずっと著作権と商標権を稼ぎ続けているディズニーのキャラクター「ミッキーマウス」まで、「高い所得を国民に約束する」知的財産分野での覇権の確立に全力をかけている。

こうした現在の稼ぎ頭が独占的な地位を守り、半永久的に利益を獲得できるように、アメリカはTPP交渉を組み立てた。

農業を守るのか、既得利権の都合なのか

およそ自由貿易とは逆の発想だが、皮肉なことに、日本はTPPによって自国の特殊事情の温存がある程度は可能になった。もしTPPがアメリカの利益を最優先するのではなく、真に理想主義的な貿易システムを求めて高い理想と規範のもとで組み立てられたら、日本は農業保護をはじめとして一連の妥協は得られなかっただろう。関税撤廃は歴史の流れであり、より厳しい譲歩なり撤廃が迫られた可能性がある。

ところが、アメリカ主導のTPP交渉、そしてアメリカとの特殊関係の取引によって、全面的な関税撤廃は少なくとも短期的には先送りできることになった。国内の既存の組織や権益のシステムも、影響を受けるにしても一応温存できる。日本政府・与党としては、限定的ながら農家に約束した利益を得たと主張するかもしれない。それが本当に日本の将来に資するのか、禍根を残すのかは、歴史の検証を待ちたい。

日本は関税撤廃によって小規模農家が消滅するなど、農業への深刻な影響のみを主張しているが、各国も事情は同様である。だからこそ、日本と同じように平地が少なく、山地に囲まれた狭隘な牧草地が多いという地理条件下にあるニュージーランドでは、2001年に1万500戸の酪農家が合同で協同組合企業フォンテラ(Fonterra Co-operative Group Limited)を創設した。同社は乳製品企業として世界4位の規模を獲得し、その競争力で各国に進出している。ニュージーランドのGDPの2・8%、輸出額の25%を占める、国内最大の組織体でもある。ま

た、ヨーロッパでは、さまざまな補助金や地域助成策によって農家経営を維持・継続している。すなわち、それは市場原理ではなく、国内政策の問題ということだ。

そう考えると、一見当然のように考えられる、関税で農家と農業を守るというウルグアイ・ラウンド時代の思考こそ、古い考えであったとも言える。日本が関税にしがみつくのは、農家のためというより、それが旧体制や既得利権構造にとって都合がいいからにほかならない。

日本の加害性に対する認識不足

農業において日本は多大な譲歩を行い、TPPの被害者だという感覚があるのかもしれない。しかし、TPP参加国の多くは、日本が被害者とは考えていない。とくに、国内の犠牲を強いられる発展途上国側が日本の行動を厳しい批判の目で見つめていることに気づかなければならない(第3章参照)。

たとえば、国際的な会合で同席するNGOなどから、日本はアメリカと一体となって、TPPを発展途上国の成長や健康を害する方向でまとめようとしていると厳しく批判される。生物学的製剤のパテント保護期間については、発展途上国側が3年あるいは5年を死守しようとした。一方、アメリカは頑として12年を譲らない。これでは会議が進まないということで、「日本はアメリカ政府に助け舟を出して、間をとって8年を主張し、そこに各国が歩みよるように誘導した」と日本政府の交渉官は得意そうに話す。だが、発展途上国側からすれば、日本がアメリカの走狗としてパテント保護期間を延ばすように工作したとしか考えられない。

5 貿易における正義の視点

貿易協定は国家をどのように発展させるのか

平安時代の教訓書『実語教』に、こう書かれている。

「山高きが故に貴からず、樹有るを以て貴しと為す。人肥えたるが故に貴からず、智有るを以て貴しと為す」

貿易も国民全体の利益になってこそ価値がある。人口の1％の人たちが豪奢な生活をしたり、奇異なものを集めたりするためのものでは決してない。

したがって、貿易拡大構想の前提には、どういう社会をつくるのか、どのように国民の全体益を高めるかという構想がなければならない。アダム・スミスが著した『諸国民の富』は、そういう目的で書かれている。自由貿易とは、そのためのツールだったはずである。TPPもP4協定段階では、そのように構想されていた。それは、グローバル経済が進展する中で、フルセットで産業を持てない経済小国がどのように生き残るかを考えた革新的な政策だった。

日本政府と自由民主党は、TPP交渉の実績として、農業分野の関税率削減を小幅にとどめたことを成果としているようだ。しかし本来は、TPPの全体像の中で、たとえば農産物関税の全廃、農業の完全自由化、外国資本の全面展開などに対し、追加的補助金や公共事業の増大などその場しのぎの対応ではなくて、日本農業はどう生き残るのか、農地法を含めた半世紀に一度の大改革が必要であった。政府からも、そして農家やNGOからも、そうした骨太な農業改革構想は提起されていない。

漁業においても、問題意識の希薄さは否定できない。TPPの交渉会議が荒れ、長期化した理由の一つは、アメリカの環境保護団体が日本漁業の操業方法や港湾施設の拡充までを含め、漁業補助金を太平洋の海洋環境悪化の原因として、厳しい制裁を求めてきたことにある。ところが、日本ではこの問題の深刻さがほとんど伝えられていない。

自由貿易は正義を擁護するか

貿易は経済合理性を追求する。同時に、現代世界が必要とする「人びとを幸せにする貿易」のためには、正義を促進する制度や政策、人権抑圧をなくす制度や政策が貿易協定に盛り込まれる必要がある。また、それ以前に、今後の貿易協定は正義と人権に関して現代の基準を定めなければならない。

貿易における正義の問題を考える際に参考となるのが、公民権運動やベトナム反戦に揺れるアメリカで1971年にジョン・ロールズが提示した「正義の理論」だ。そこには二つの原理がある。第一原理は、政治的自由と言論・身体の自由を含む基本的自由が全構成員に平等に配分されていること。第二原理（機会均等・格差改善原理）は、功利的な利益追求はもっとも不遇な人びとの利益を改善し、最大化する場合においてのみ認められること（マクシミン原理）。

こうした正義観に基づけば、特定の国だけが参加し、参加した国だけがメリットを享受できるＴＰＰのようなメガ経済連携協定は、本質的に正義と相反すると言わざるを得ない。

貿易協定は誰を利するのか

これまでメガ経済連携協定の便益と問題点を論じてきたが、貿易協定から排除される国家への影響はどうであろうか？　ＴＰＰ12カ国のＧＤＰは世界の４割弱、アメリカとＥＵとのメガ経済連携協定であるＴＴＩＰでは３割程度に達すると予想されている。これにＴＰＰ／ＴＴＩＰに参加しないが、巨大貿易国家として成長しつつある中国とインドが加われば、実に世界のＧＤＰの８割に達するであろう。

では、メガ経済連携協定に参加できない国はどうなるのか？　メガ経済連携協定交渉は一種のメリット連合であるから、資源に乏しく輸出競争力を持たない国が参加することはできない。むろん、紛争地や最貧国は対象とならない。人権抑圧国家なら排除されてもしかるべきだが、民族構成や宗教対立などの理由で多様な規制を敷いている国を排除すれば、その影響は長期的には必ず世界に及ぶ。今後は、メガ経済連携協定自体に、非参加国への影響と対策も考慮し、盛り込まなければならない。

そして、貿易協定が利するのは誰なのか？　日本政府はＴＰＰが中小企業の輸出を後押しすると宣伝するが、それはＴＰＰのどの条項からも導きだすことができない。推察できるのは、アメリカの中小企業が日本で容易に市場展開できるようになるということだ。それは、日本の中小企業の市場縮小という真逆の状況を意味する。

ＴＰＰ推進者の筆頭である日本経団連参加の大企業は、すでに主要製造施設の7～8割を海外に移転している。そうした大企業がＴＰＰから利益を受けるとすれば、それは皮肉なことに、輸出と国内雇用の拡大ではない。自社の海外拠点で生産された製品を、ＴＰＰで規制が丸裸にされた日本に輸入するときだ。

国家として利益が生まれるのは、すべての影響調査で明らかなように、輸出ドライブをかけられる国家だけである。低い国民所得レベルで、低賃金の労働人口が多い国家であれば、その効果はより顕著となる。結果、すべての調査がベトナムの利益を結論づけている。多国籍企業以外に明確な利益者は、ベトナムしかない。

ただし、それも経済分野に限っての評価である。共産党の一党独裁下で社会の指導と管理が行われている国で、ＴＰＰに代表されるような大幅な規制緩和、内外無差別、経営中立性・透明性確保、自由な労働組合活動などの現代自由市場経済が浸透すれば、大規模な社会騒擾が発生するリスクがある。

結局、メガ経済連携協定で確実に利益が生まれるのは、多国籍企業だけだ。言い換えれば、多国籍企業が利益を最大化できる貿易システムがメガ経済連携協定であると言って過言ではない。

6 グローバル経済における貿易協定に必要な価値

すさまじい影響を世界経済に与えるメガ経済連携協定には今後、次のような価値への配慮が求められる。

環境的価値

これ以上の経済成長の達成は地球環境に及ぼすマイナスの影響なしには不可能なことが、先進国アメリカ、そして驚異的な成長を遂げた中国のような発展途上国にも、ようやく理解されるようになった。アメリカのトランプ新大統領は、短期的にはこうした傾向を真っ向から否定し、再びエネルギー開発と大量消費の産業社会を復活しようと試みるであろう。だが、もはや国際的にもそして国内的にも、それを押し通す合理的根拠もパワーも持っていない。気候変動のリスクは地球上のすべての国家にとって最大の非軍事的脅威であることが認識されたのである。今後の貿易協定は、何よりも環境的価値を認識し、環境保全に貢献する形で貿易とその管理が行われる必要があると明記しなければならない。

それは、環境負荷の高い農業を営む国家に大きなリスクとなる。水資源が枯渇し、大河の取水をめぐって紛争が絶えない国々がバーチャルウオーターと言われるように大量の水を消費する農産品を輸出することは、許されなくなるかもしれない。長期間にわたって農薬を大量に散布すれば、農薬成分が土壌に沈着し、農地そのものを荒廃させるだけでなく、飲料水など水質にも影響を与える。遺伝子操作された種子は、数千年かけてつくられてきた生態系のバランスを崩す可能性がある。何よりも、現在の農業は機械化によって高エネルギー消費構造になりつつある。

その意味で、安倍政権が推奨するＴＰＰによる農業輸出の拡大は、およそ未来の貿易概念からはずれる。アメリカから飼料を輸入し、狭い屋内で飼育された和牛の肉を冷蔵して航空機で輸出し、ニューヨークの高級料理店で舌の肥えた金持ちに提供するというのが農業輸出のシンボルなら、いつ環境団体から批判の声が上がるかわからないことを自覚しなければならない。

危惧されるのは、エネルギーと農薬を大量に使用する日本農業の現状である。幹線道路の横にも水田があり、週末に兼業農家が耕運機を動かして耕す風景は心温まるものがあるが、きわめて環境負荷の高い農業であるという批判をかわすことは難しい。農林水産省をはじめ農業団体は、日本の農業の高い環境コストが国際社会で批判の的となる事態を予測し、いまからでも対策を講じるべき時期にきている。

人間的価値

これまでは、人権問題が貿易問題と直接の影響関係を持つことはなかった。アパルトヘイトなど特定の人権侵害国に対して経済制裁が科せられることはあっても、貿易は基本的に財サービスの問題であり、貿易協定自体に、貿易が人権や人道にどういう影響を与えるか、貿易が地域やそこに住む人びとにどういう影響を与えるかという人間的価値の問題を組み込むことはなかった。

しかし、たび重なるTPP閣僚交渉において、途中から急に環境問題や人権問題が議論のテーマとなり、会議を主催するアメリカ通商代表部（USTR）をあわてさせる。人権問題が貿易と切り離せないことが一般にも理解されたのは、アメリカ議会がTPA（憲法上、貿易交渉権限を有しない大統領に一時的に付与する交渉権限）をオバマ政権に与える際に、マレーシアの人権状況評価がTPAをサドンデスに陥れる可能性が生じたときである。

仏教国ミャンマーのイスラム系少数民族ロヒンギャが差別され、一部が難民化してイスラム系国家であるマレーシアに逃れた。彼らが劣悪な状況の強制キャンプに収容されたり、人身売買の対象となる事例が報告され、国際社会の批判が一挙に高まっていく。そして、マレーシアはアメリカ国務省の人権評価でカテゴリー3、すなわち本来なら制裁対象国であるとされた。

だが、この段階でマレーシアをTPP交渉から排除するのは自殺行為に近い。オバマ政権は恣意的にマレーシアの人権評価をカテゴリー3からカテゴリー2に引き上げて、議会側の批判をかわしたのだ。

貿易協定に人間的価値を考慮しなければならないとすると、対象は決して人権問題だけではない。現代西欧社会を悩ます難民問題や貧困、差別の解決においても、貿易の貢献が求められる。実際、厳格なイスラム刑法を制定したブルネイに対して、LGBT（レズビアン、ゲイ、バイセクシュアル、トランスジェンダー）の観点から同国の排斥を求め、TPP自体に対する激しい反対運動が展開された。

健康的価値

これまでのTPP交渉で、医薬品やタバコのプレイン・パッケージ（喫煙が健康を害することを明示した包装）がどれだけ多くの議論になっているかを理解すれば、健康的価値が重要となることがわかるだろう。

価値観や宗教観はさまざまであっても、誰もが個人としても家族としても健康に生き続けることを期待している。そのためには、保健医療、健康保険、ジェネリック医薬品のような誰でも入手可能な医薬品の貿易が担保されていなければならない。

この問題で最大の利益を得るべく、アメリカ政府に圧力をかけ続けた「ビッグ・ファーマ」

と総称で呼ばれる製薬業界と、化学品・医薬品企業メルクや製薬・ヘルスケア関連企業ジョンソン＆ジョンソンなどには現在、世界中から非難の声があびせられている。その意味で、多国籍企業の経営理念自体も旧来の利益万能主義から離脱し、経営が人びとの健康の障害にならないように努力する必要がある。

発展的価値

２０１５年9月25日の国連持続可能な開発サミットにおいて、これまでの「ミレニアム開発目標（ＭＤＧｓ）」を受けて、国連は「持続可能な開発のための２０３０アジェンダ」を採択した。そこでは、国連開発計画（ＵＮＤＰ）の重点分野である持続可能な開発、民主的ガバナンス、平和構築、健康、気候変動と災害に対する強靭性などを前提とする17の目標（Goal）を設定し、それに向けて、政府だけでなく、民間セクター、ＮＧＯ、女性、若者、弱者など幅広いステークホルダーを巻き込みながら、持続可能な開発目標（ＳＤＧｓ）の達成をめざすことが定められた（表1）。

この国連の持続可能な開発目標と、ＴＰＰに代表されるメガ経済連携協定は多くの点で矛盾し、対立する。たとえば、ＴＰＰの懸案である生物学的製剤のパテント保護期間延長は明らかに安価なジェネリック医薬品の開発と普及を遅らせ、発展途上国の衛生状態と感染症の蔓延状況を悪化させる。熱帯雨林と生物多様性を維持して環境を守ろうとする努力は、森林を伐採

表1　持続可能な開発目標

目標1	あらゆる場所のあらゆる形態の貧困を終わらせる
目標2	飢餓を終わらせ、食料安全保障及び栄養改善を実現し、持続可能な農業を促進する
目標3	あらゆる年齢のすべての人々の健康的な生活を確保し、福祉を促進する
目標4	すべての人に包摂的かつ公正な質の高い教育を確保し、生涯学習の機会を促進する
目標5	ジェンダー平等を達成し、すべての女性及び女児の能力強化を行う
目標6	すべての人々の水と衛生の利用可能性と持続可能な管理を確保する
目標7	すべての人々の、安価かつ信頼できる持続可能な近代的エネルギーへのアクセスを確保する
目標8	包摂的かつ持続可能な経済成長及びすべての人々の完全かつ生産的な雇用と働きがいのある人間らしい雇用(ディーセント・ワーク)を促進する
目標9	強靱(レジリエント)なインフラ構築、包摂的かつ持続可能な産業化の促進及びイノベーションの推進を図る
目標10	各国内及び各国間の不平等を是正する
目標11	包摂的で安全かつ強靱(レジリエント)で持続可能な都市及び人間居住を実現する
目標12	持続可能な生産消費形態を確保する
目標13	気候変動及びその影響を軽減するための緊急対策を講じる
目標14	持続可能な開発のために海洋・海洋資源を保全し、持続可能な形で利用する
目標15	陸域生態系の保護、回復、持続可能な利用の推進、持続可能な森林の経営、砂漠化への対処、ならびに土地の劣化の阻止・回復及び生物多様性の損失を阻止する
目標16	持続可能な開発のための平和で包摂的な社会を促進し、すべての人々に司法へのアクセスを提供し、あらゆるレベルにおいて効果的で説明責任のある包摂的な制度を構築する
目標17	持続可能な開発のための実施手段を強化し、グローバル・パートナーシップを活性化する

(出典)外務省仮訳。http://www.mofa.go.jp/mofaj/files/000101402.pdf)

し、輸出農作物の耕作地を拡大しようとする貿易圧力と矛盾する。少数民族や地域弱者を保護する政府の政策は、ＴＰＰにおいて自由貿易を阻害するものとして否定されている。

このように国際的課題の実現が急務である時代に、それと真っ向から対立する貿易や投資を促進させる国際協定があってはならない。ＴＰＰ構想がＰ４協定によってスタートした時点では、それが国連目標と矛盾し、対立するとは、誰も考えていなかった。しかし、最終的に、協定参加国のＧＤＰの78％を占めるアメリカと日本が構成する「囲い込まれた国家群」が目指すものの多くが、国際社会の課題や問題を解決するよりも、激化・深刻化させる可能性を秘めていた。

ＴＰＰ構想のような広域経済協定は、今後は持続可能な開発目標も参考にしながら、世界が直面する非軍事的脅威への対応、そして何よりも正義の理念のもとでの国際経済システムの再構築のために、抜本的に改変する必要がある。

7　人びとを幸せにする貿易協定をもとめて

一般用語としてよく使われる「自由貿易」であるが、自由と貿易とは異なる概念であり、本来国家管理であった貿易と自由市場経済とを合体させた造語である。アダム・スミス以来、自由貿易は特定の政策意図をもって、「自由」を主張することが国益にかなう国家が主張してきた。そのことが自国の国家としての繁栄だけでなく、国民への富の分配、そして結果的に世界全体を潤すという想定のもとで、主張されてきた。だが、いまや、貿易の主体になりつつある多国籍企業が自由を標榜することによって最大の利益を得ようとしている。

ＴＰＰの影響が協定参加国だけでなく非参加国へも波及すると分析し、対策を主張するＴＰＰ推進者は皆無だった。推進者からは逆に、「ＴＰＰへの参加によって参加できない国との差別化に役立つ」と宣伝されてきた。

成長のセンターたるアジア太平洋地域の利益をＴＰＰ参加国が独占することによって、他地域への優位性を確保する、太平洋進出を図る中国をブロックする。国内の遅れた産業や地域社会に残る弱者など非効率な部分を切り捨てて、社会を競争力あるものにする……。こうした新自由主義的な世界観とアメリカの21世紀戦略に基づく貿易協定としてＴＰＰは推奨され、日本政府はそれを自由貿易拡大の旗のもとで宣伝してきたのである。

しかしそれは、環境破壊、難民、紛争、格差、絶対的貧困、人権侵害によって、すでにずたずたに切り裂かれている現代世界が求めるべき道ではない。まして、日本が選択すべき道ではない。

求められるのは、技術革新やグローバルなコミュニケーションという現代社会がもたらした恩恵を最大限に使って、現代世界の問題解決に貢献できる貿易システムである。可能なかぎり多くの国家が参加し、ＮＧＯなどの主張が反映され、そこから洩れ落ちる国家や地域に対しても国際社会がセーフティネットを用意する協定である。

幸い、アメリカ大統領選挙の混乱の中でＴＰＰは失速し、ＴＴＩＰもイギリスのＥＵ離脱決定を受けて、抜本的な構想の見直しが２０１７年からスタートするであろう。そのときには必ず、「人びとを幸せにする貿易」システムの構築が求められる。概念にとどまることなく、どのようにすれば現代貿易がその目的に合致するか、研究を至急進めなければならない。

〈参考文献〉


エマニュエル・トッド著、石崎晴己訳『デモクラシー以後――協調的「保護主義」の提唱』藤原書店、２００９年。

オックスファム・インターナショナル著、渡辺龍也訳『貧富・公正貿易・ＮＧＯ――ＷＴＯに挑む国際ＮＧＯオックスファムの戦略』新評論、２００６年。

国際連合広報センター「持続可能な開発目標（ＳＤＧｓ）とは」２０１６年。

サスキア・サッセン著、伊豫谷登士翁訳『グローバリゼーションの時代――国家主権のゆくえ』平凡社、１９９９年。

首藤信彦「ゾンビ化するＴＰＰ」『世界』２０１５年4月号。

首藤信彦「アトランタに仕組まれた「ＴＰＰ大筋合意」」『世界』２０１５年12月号。

ジュリエット・Ｂ・ショア著、森岡孝二訳『プレニテュード――新しい〈豊かさ〉の経済学』岩波書店、2011年。

ジョセフ・スティグリッツ著、浦田秀次郎・高遠裕子訳『フェアトレード――格差を生まない経済システム』日本経済新聞出版社、2007年。

ジョセフ・スティグリッツ著、楡井浩一・峯村利哉訳『世界の99%を貧困にする経済』徳間書店、2012年。

ジョーン・スペロ著、小中陽太郎・首藤信彦訳『国際経済関係論』東洋経済新報社、1988年。

ジョン・ロールズ著、川本隆史・福間聡・神島裕子訳『正義論(改訂版)』紀伊国屋書店、2010年。

スーザン・ジョージ著、杉村昌昭訳『WTO徹底批判!』作品社、2002年。

デイヴィッド・ランサム著、市橋秀夫訳『フェア・トレードとは何か』青土社、2004年。

原中勝征『私たちはなぜTPPに反対するのか』祥伝社、2014年。

ブリュノ・ジュタン著、和仁道郎訳『トービン税入門――新自由主義的グローバリゼーションに対抗するための国際戦略』社会評論社、2006年。

山田優・石井勇人『亡国の密約――TPPはなぜ歪められたのか』新潮社、2016年。

リチャード・ウイルキンソン/ケイト・ピケット著、酒井泰介訳『平等社会――経済成長に代わる、次の目標』東洋経済新報社、2010年。

リチャード・G・ウイルキンソン著、池本幸生・片岡洋子・末原睦美訳『格差社会の衝撃――不健康な格差社会を健康にする法』書籍工房早山、2009年。

第2章

自由貿易にNO! と言う欧米の市民社会

メリンダ・セント・ルイス ×
ローラ・ブリュッへ × 内田聖子

内田　お二人は、アメリカとEUにおける自由貿易協定に反対する市民社会の運動のトップランナーです。メリンダさんはアメリカのNGO「パブリック・シチズン」の貿易問題担当として、TPPやTTIP（環大西洋貿易・投資パートナーシップ協定）の問題を日本の私たちや他国のNGO、労働組合、消費者団体とともに5年以上もウォッチし、交渉会合にも毎回のように足を運んでおられます。ローラさんは、ベルギーに拠点を置き、多国籍企業の動きを監視する「Corporate Europe Observatory（CEO）」という著名なNGOで、TTIPに反対する多様な層の運動体をまとめ、巨大な運動に発展させてこられた方です。

日本ではマスメディアも含め、人びとの自由貿易への関心は欧米市民社会ほど高まってきませんでした。欧米では、自由貿易が雇用や地域経済を壊し、食の安心・安全や公共サービスなどの規制を緩和させ、さらに環境、人権、自治、民主主義という価値までも危機にさらすという認識のもとで、反対運動が確実に広がっています。とくにアメリカでの反対運動は、2016年に最頂点に達しました。

今日はお二人の経験から、自由貿易が私たちにもたらす弊害や運動の展望について議論できればと思っています。次期大統領に就任が予定されているトランプは、2017年1月20日の就任日にTPPからの離脱を通告すると明言しました。それに代わって、日米自由貿易協定の交渉を進めるでしょう。本質は変わりません。まず、ここでは、それぞれの現場でのTPPやTTIPの捉え方をお話しいただけますか？

大企業がつくる民主主義に反した秘密協定

メリンダ　内田さんが言うように、ＴＰＰはアメリカで最大の政治課題となりました。大統領選挙で、ヒラリー・クリントンもドナルド・トランプもＴＰＰに反対したのは、ご承知のとおりです。クリントンと闘った民主党のバーニー・サンダースも、「ＴＰＰは打倒されなければならない」と述べていました。

その背景として、労働組合や環境団体などが反対運動を広げてきたことに加えて、これまで民主党と共和党の間にあった「自由貿易推進」というコンセンサスに対して、「超党派議員による反乱」が挙げられます。

なぜ、このような「反乱」が起きたのでしょうか。まずは秘密主義です。

ＴＰＰは史上もっとも秘密性の高い貿易交渉です。国民には交渉過程が完全に秘密な一方で、企業側の影響力が非常に大きい。アメリカ通商代表部（ＵＳＴＲ）には、「貿易アドバイザー」という制度があります。５００人以上いるアドバイザーの９割は、大企業あるいは業界団体の代表です。たとえば石油関連企業シェブロン社の代表や、ハリバートン社、ゼネラル・エレクトリック社など多国籍企業関係者が多数入っています。彼らは交渉中、秘密の協定文書を自由に見ることができたし、条文の提案を政府にすることも可能です。実際に文言を作成することもありました。

このような非民主的な秘密主義にはアメリカ議会でも怒りが噴出しました。交渉が妥結し、２０１５年11月に条文が公開されましたが、交渉過程を記した文書は協定発効後も４年間は非公開という覚書を各国は交わしています。日本でも２０１６年４月の国会で「黒塗り文書」が出されたと聞きましたが、それもこうした約束義務があるからです。このように、ＴＰＰは妥結後も各国政府を説明責任から「擁護」しているのです。

その結果、表向きは「自由貿易」協定ですが、実際には投資家や企業にとっての新しい権利・権益の拡大となっています。協定の全30章のうち、貿易に関する章はわずか6章だけ。残りは非貿易、つまり企業の権力を拡大し、固定するルールです。たとえば食の安全、医薬品アクセス、環境・気候変動問題、金融規制、人権など、多くの領域での影響が予想されます。企業が政府を提訴できるＩＳＤＳ条項も含まれています。

ローラ　ＴＴＩＰとは、アメリカとＥＵとの間の自由貿易交渉で、ＴＰＰと非常によく似ています。交渉は２０１３年7月に始まり、現在まで約3年間続いていますが、幸いなことにあまりうまくいっていません。

ＴＴＩＰの目的も、実は貿易ではありません。ＥＵとアメリカは、すでにモノの貿易では多くの関税が撤廃されています。ＴＴＩＰで重要なのは、両者の間で、同じような法律が制定されたり、規制の水準を統一していくことなのです。

ＴＴＩＰについての大きな論点は、ＴＰＰ同様に、民主主義の問題です。ＴＴＩＰも秘密交渉で、透明性が完全に欠如しています。これまでＥＵ市民や各国議員がさんざん圧力をかけてきた結果、ようやく各国議会での交渉文書の一部閲覧という成果を獲得できました。とはいえ、出てくる情報は限られています。たとえば先日、私たちは「透明性に関するEU指令」に基づき、アメリカのタバコ企業フィリップ・モリス社と欧州委員会の間で交わされた文書の公開請求をしましたが、真っ黒塗りでした。

フィリップ・モリス社は、各国が国民の健康を守るために行う規制措置に対して訴訟を起こすことが大好きな会社です。オーストラリアもISDSを使って提訴されたことがありました。だから私たちも同社の関連文書を要求したわけですが、黒塗り文書を出してきた欧州委員会の回答は、「公文書の提供はたしかに義務づけられているし、透明性も大事である。しかし、貿易交渉においてはビジネスの利益が優先される」というものでした。ここにTTIPの本質が表れていると言えます。要するに、環境や公共の利益よりも、貿易、経済、ビジネスが優先される。市民社会は、この点に猛烈に反発しています。

アメリカでも期待されていないTPPの経済効果

内田　アメリカでTPPが支持されてこなかった最大の理由は、雇用問題ですね。労働組合も中小企業経営者も、TPPで雇用がだいなしになり家族を守れない、というスローガンを掲げていました。日本ではTPPでGDPが13・6％も増加し、80万人もの雇用が増えるという、夢のような試算が政府から出されています。

メリンダ　アメリカには過去の自由貿易協定で雇用が失われたという「負の経験」があ

り、自由貿易は経済成長や雇用増加にはつながらないということが人びとの間で十分実感されています。

1992年にアメリカ、カナダ、メキシコで締結され、94年に発効した北米自由貿易協定（NAFTA）で、アメリカの雇用、とくに製造業は大きな打撃を受けました。政府は「NAFTAで雇用は増える」と大宣伝していましたが、実際には2004年までに100万人もの雇用が失われたのです。製造業では4人にひとりの雇用が失われ、5万7000もの工場が国外に出ていきました。そして、賃金の低いサービス業、とりわけ大学の学位を持たないアメリカ在住者の60％以上に影響しました。結果的に国内の賃金も下がり、労働組合が団体交渉する力も弱体化していきます。政府の調査では、NAFTA以降、製造業とサービス業の輸出の伸びは低下しています。「NAFTAでモノの貿易黒字が増える」と言われたのですが、結果は真逆。570億ドルもの貿易赤字となりました。

さらに、2012年に韓国と結んだ米韓FTAの結果を見ても、アメリカから韓国への物品輸出は9％程度低下し、285億ドルの貿易赤字が生まれています。やはり、アメリカに経済利益をもたらしてはいません。

これらの貿易政策の結果、過去20〜30年間で、アメリカ国内の格差は徹底的に増大しました。NAFTA以降、もっとも裕福な10％が得た国民所得の割合は24％上昇し、上位1％によって得られた割合は58％も上昇しています。こうした事実は、何よりも説得力を持っています。だからこそ、多くの人たちがTPPに反対したのです。

内田　２０１６年5月、アメリカ政府の国際貿易委員会（ＩＴＣ）は、ＴＰＰによる経済効果はほとんどないという報告書を出し、私も大きな衝撃を受けました。本来は「バラ色の展望」を提示するべき政府試算が、実は大したことはなかった。

メリンダ　そのとおりです。政府も、それまでのような楽観的見通しはさすがに出せなかったのでしょう。ＩＴＣ報告によれば、ＴＰＰによって、15年間でＧＤＰがわずか０・23％増ですから、ほとんどゼロです。さらに、農業、製造業、サービス業など55セクターのうち36セクターで収支が悪化し、２０３２年までに総貿易赤字が２１７億ドル増えると試算しています。

総論的に言えば、ＴＰＰに入ることの経済的効果はほとんどありません。これによって反対運動も大きな根拠を得たし、ＴＰＰでの経済効果を信じていた人たちの期待も瓦解したと言っていいでしょう。

グローバルに進む規制緩和

内田　ＴＰＰやＴＴＩＰの本質である「ルール部分」は、どうでしょうか。すでに欧米では、ルールの統一がグローバルに行われていくことの問題点が共通認識となっていると思いますが……。

ローラ　ＴＴＩＰ交渉では、「規制の協力」という分野が設けられ、そこでアメリカとヨーロッパの法律やルールの統一化が目指されています。しかし、これは法の自主性という意味でも大きな問題です。たとえばヨーロッパで新しい法律を導入したい場合、欧州議会に提出する前にアメリカ政府に相談して、貿易に悪影響を与えないかどうか意見をうかがわないといけない。大企業の意向が各国の法整備に大きな影響力を持つことになってしまいます。

ＥＵ市民社会で規制の統一について懸念されているテーマは、たとえば化学薬品や化粧品です。ヨーロッパでは多くの国が「安全でない商品は市場に出さない」という原則のもとで規制をしていますが、アメリカの規制のほうが明らかに弱い。

たとえばヨーロッパで化粧品への使用が禁止されている化学物質は約１０００あるのに対して、アメリカではわずか10ほどです。しかし、「規制の協力」によってアメリカの基準に緩和されてしまえば、化学物質入りの化粧品が身近に出回るようになります。協定を批准してただちに規制緩和されることはなくても、10年、20年と経つ間にどんどん基準は引き下げられるでしょう。

食の安心・安全についても、ＥＵでは非常に高い関心があります。牛肉の成長ホルモン、遺伝子組み換え作物、塩素処理された鶏肉などに、ＥＵは反対してきました。これはＥＵの選択です。一方、アメリカではこれらへの規制はありません。そのため、アメリカとＥＵの間ではＷＴＯでも多くの紛争が起きてきました。ＴＴＩＰでも問題となることはわかっていますから、たくさんの農業者や消費者が反対しています。殺虫剤や環境ホルモンなども同様です。

「危険なものは域内に入れない」というＥＵが重視してきた原則が、「規制の協力」という名のもとでだいなしにされるかもしれません。実際に、アメリカの企業や業界団体からはこうした規制に対する攻撃があります。

メリンダ　アメリカでも、食の安全について は心配されています。ＴＰＰはアメリカの安全基準を満たさない魚介類や鶏肉などの輸入を強いるものです。たとえば、ベトナムの魚介類から高い濃度の汚染が検出されたことがあります。マレーシアのエビは最近、禁止されている抗生物質が高いレベルで検出されたため、輸入が差し止められました。これらがＴＰＰで大量に入ってくる危険があります。食料医薬品局（ＦＤＡ）は、１％に満たない程度の魚介類しか検査していません。

ＴＰＰ協定文を読むとよくわかりますが、ＴＰＰは遺伝子組み換えなどのバイオテクノロジーを使った農産品を新しい貿易ルールの対象にすることを明記した初めての貿易協定です。アグリビジネスやその意向を受けたアメリカ政府は、長年、他国の遺伝子組み換え作物への規制や監視体制を「貿易障壁」として攻撃してきました。ＴＰＰ協定には、こうした各国のルールに対してモンサント社やカーギル社などのアグリビジネスを含む利害関係者が異議申し立てできる規定があるし、食品表示が「貿易違反」として抗議されかねない内容も含まれています。

また、いまアメリカでは、有機農産物を求める消費者や有機農業者たちが遺伝子組み換え食品への表示義務制度をつくるよう、州レベルで激しく闘っています。彼らはＴＰＰでこうした努力が後退してしまうことを危惧し、ＴＰＰ反対運動に参加してきました。

投資家の利益を守るためのＩＳＤＳ

内田　ＴＰＰにもＴＴＩＰにも含まれる仕組

みとして、投資家対国家の紛争解決制度(ISDS)があります。企業や投資家が相手国の規制強化や政策変更に対して、「当初予定していた利益を損ねた」という理由で多額の賠償金を求めて提訴できる制度です。これが欧米市民社会の自由貿易協定反対の最大の焦点でしょう。しかも、ISDSによって環境や人権、公共サービス、そして自治や主権が脅かされるという危機感がかなり共有されていると思っています。

メリンダ　ISDSはTPPだけでなく多くの貿易・投資協定に含まれていますが、外国企業や投資家に、相手国の国民や国内企業を超える幅広い権利を与えるものです。国内の法制度や裁判を飛び越え、私的な仲裁廷に提訴できます。仲裁人は3名で、通常は企業の弁護士を務めているような人たちです。裁定は一度かぎりで、控訴はできません。また、投資家は実際に損なわれた利益に限らず、「将来に予測される利益」に対して訴えることが可能です。さらに、政府が負ければ賠償金は国民の税金から支払われます。どれをとっても、私たちにとって有利な仕組みではありません。

近年、ISDS訴訟の数は急増していて、1987年以降、2015年までで累計696件です。たとえば、天然ガス採掘を行うアメリカのローン・パイン社がカナダ政府を訴えたケースがあります。理由は、カナダのケベック州が同社に、環境影響評価を行う間、開発をしないよう求めたからです。それで利益を失ったとして、2億5000万ドルの賠償請求を行い、現在も係争中です。また、アメリカのシェブロン社は、エクアドル政府を訴えました。同社によるアマゾン地域の深刻な汚染によって、健康被害を受けたと地域住民が告発し、エクアドル政府が操業停止を命じたことに対して、訴訟を起こしたのです。

ローラ　ＴＴＩＰにもＩＳＤＳは含まれており、非民主的な仕組みだとヨーロッパでは強く非難されています。欧州委員会は、ＴＴＩＰ交渉に際して、ＩＳＤＳに対する市民からの非難があまりにも強かったため、２０１４年夏にＩＳＤＳの賛否を問う公の意見聴取をインターネットで行いました。すると、回答者15万人のうち97％が「反対」と答えたのです。学会やビジネス界からも反対の声が上がりました。それを受けて欧州委員会は、２０１５年末にＩＳＤＳの改革案として投資裁判制度（ＩＣＳ）をアメリカに提案しました。

内田　ＥＵは投資裁判制度という新たな仕組みを通じて、有害なＩＳＤＳを多少なりとも「改善」しようとしたわけですね。その具体的な改善点と、市民社会からの評価は？

ローラ　たしかに、投資裁判制度では裁定を二審制にしたり、案件についての透明性を高めるなど、多少の改善点は見られます。しかし、改善の中身は非常に限られていて、私たちが求める独立した常設の仲裁機関にはなり得ていません。

投資裁判制度では、ＩＳＤＳと同様に仲裁人は独立しておらず、私的な仲裁廷において個別の係争ケースごとに報酬を得るシステムです。これでは、投資家に有利な判断を下す傾向は改善できません。文言の修正がなされることで多少よくなったように思えるのですが、実態はＩＳＤＳとさほど変わらない。つまり、フレッシュフィールズやウィンストンなど、ごく限られたＩＳＤＳ専門の「提訴ビジネス」の法律会社の弁護士たちが牛耳るシステムに変わりないのです。もちろん、投資裁判制度は公開聴取の結果という市民社会の声がもたらした「勝利」ではありますが、私たちが望むような改革案ではありません。専門家たちも、投資裁判制度ではまったく不十分であるという評価です。

内田　日本政府はＩＳＤＳに関して「日本が提訴されることはない」と言っています。最近になって少し考えを変え、訴訟された場合の対策を考え始めたようですが、その危機感は欧米の政府や市民社会ほどではありません。

メリンダ　日本政府の見方は、あまりにも楽観的だと思います。アメリカで仮にＴＰＰが発効すれば、ＩＳＤＳで提訴されるという危機感が非常に強くありました。アメリカの大企業は、もっとも頻繁に、ＩＳＤＳによる提訴を主に途上国政府にしてきました。ただし、先進国政府が訴えられるケースも増加しています。

最近の事例でいえば２０１６年1月、アメリカはカナダの企業にＩＳＤＳによって提訴されました。アメリカからカナダまでを結ぶパイプライン計画がもともとあったのですが、環境団体や先住民族の運動は、環境を破壊する計画は撤回せよと求めてきました。そして２０１５年11月、オバマ大統領は計画の認可を取り消す判断を下します。これは、私たち市民社会にとって歴史的な勝利です。ところが、計画に投資していたトランス・カナダ社は、オバマ大統領の判断は「恣意的」であるとして、ＮＡＦＴＡのＩＳＤＳ条項を使って１５０億ドルの賠償請求をしました。実際の投資額は5分の１の30億ドルしかないにもかかわらず、です。

でも、考えてみてください。国民がある計画に反対し、その意思に答えて国が政策を変更する。これが民主主義です。なぜ、それに１５０億ドルの賠償請求がされなければいけないのでしょう？　もしその主張が通れば、環境保護は実現しません。環境やコミュニティに害があっても、国際条約に従って汚染を禁止しようとしても、ＩＳＤＳで逆に政府が訴えられてしまう。汚染をする側が多額の賠償金を得るという奇妙な話になります。

ＴＰＰが発効すれば訴訟はますます増えるでしょうし、アメリカ企業が日本の自治体や政府、法律を訴える危険性があります。日本はＩＳＤＳで訴えられることを真剣に考えるべきです。逆に、日本の企業が他国政府を訴えるというケースも増えるでしょう。

ローラ　２０１１年の東日本大震災後の福島原発事故は、ヨーロッパにも大きな衝撃を与えました。事故直後、ドイツ政府は脱原発政策に切り替えました。日本ではあまり知られていないかもしれませんが、このドイツの政策変更に対して、スウェーデンのヴァッテンフォール社はＩＳＤＳを使いドイツ政府を提訴しています。同社はドイツで原発プラントを開発しており、脱原発になれば利益が得られないということが理由です。これは日本にとっても大きな示唆ではないでしょうか。

多様な人びとの参加

内田　日本では「環境と貿易」という観点からの自由貿易批判が弱いことはご存知のとお

りかと思います。ＴＰＰへの反対運動でも、環境、とくに気候変動対策を求める立場からの批判や懸念はほとんどありません。日本政府もパリ条約を発効時点で批准しませんでした。一方、欧米市民社会では環境問題からのアプローチが非常に強いですね。環境保護や持続可能な開発を実現する際の最大の障害になっているのが貿易であるという理解が浸透していると感じます。

メリンダ　環境保護や気候変動対策は、国際社会、とりわけ先進国にとっては共通の課題です。しかし、６５００ページもあるＴＰＰの協定文に「気候変動」という文言は一回も出てきません。また、「環境」に関する章はありますが、たとえば動植物の違法取引や、違法な漁業とフカヒレ採取に対しては、とても緩い義務規定しかありません。ＩＳＤＳによって環境保護政策が攻撃されるという脅威もあります。ＴＰＰは化石燃料の貿易を促進するし、低エネルギー社会への移行を目指す方向にも反しています。当然、パリ協定にも反します。アメリカ政府はＴＰＰ協定文に「環境」章が設けられたことを「非常に革新的であり、われわれは環境を保護する」と言いますが、まったく不十分です。

興味深い点は、アメリカ政府は交渉中、主要な環境団体の意見を取り入れるようなポーズをとることに多くの時間を費やしてきたということです。いくつかの団体は政府との意見交換などの場で、細かい規定に関して、「われわれはこの規定が取り入れられたことに満足している」とか「望んだ方向に少しずつ進んでいる」というような発言をしました。これは個別具体的な規定に関する評価にすぎません。ところが、政府はその発言を引用して、「見てください。環境団体が交渉を支持してくれています」と主張したのです。実際には、合意内容全体を支持する環境団体などありません。むしろ、シエラ・クラブや天然資源保護協会はじめ多くの環境団体が強い反対を明らかにしています。

内田　医薬品特許問題や人権に対する脅威としての自由貿易協定についてはいかがでしょうか？

メリンダ　医薬品についての懸念もあります。ＴＰＰで医薬品の独占特許が延長されれば、医薬品大企業には利益が舞い込みますが、私たちがふだん使う医薬品価格は高くなり、ジェネリック医薬品へのアクセスも困難になるからです。途上国の医薬品コストも上昇します。「国境なき医師団」はＴＰＰを「途上国の医薬品アクセスにとっては最悪の貿易協定」と批判しています。

さらに、人権という観点からのＴＰＰ批判もあります。環境の問題と同じく、協定文の中に「人権」という単語は一回も出てこないことを、皆さんはご存知でしょうか？

アメリカには、人権を守っていない国とは経済取引をしないという前提があります。ＴＰＰ参加国の中には、人身売買や児童労働を許容したり、労働組合つぶしをしたり、同性愛を犯罪と定めていたり、シングルマザーを石打ちの刑に処するブルネイのような国も含まれています。また、国境地帯での人身売買をマレーシア政府は黙認しています。しかし、アメリカ政府はこうした実態は棚上げしたまま、そうした国との貿易をひたすら求めているのです。これに対して、アメリカの人権団体やＬＧＢＴ運動は批判の声をあげています。

このように、アメリカではＴＰＰに反対する大規模で多様な運動があり、非貿易の側面からの反対がどんどん高まりました。過去に自由貿易協定を支持してきた経済学者たち、たとえば、ジョセフ・スティグリッツやポール・クルーグマン、ロバート・ライシュほか多くが、「ＴＰＰの経済的利益はわずかであり、逆に多くのリスクをもたらす」と反対し、有権者も支持政党を超えて、ＴＰＰについて知れば知るほど反対するようになりました。11月に大統領選挙と合わせて行われた下院議員と上院の3分の1が改選される選挙でも、候補者は「ＴＰＰ反対と言わなければ当選できない」という状況でした。

内田　貿易の問題は複雑で難しい、と私たちはどこかで思い込まされています。日常の暮らしとのかかわりがなかなか実感できないというのが、多くの日本人の反応です。異なる層の人たち、無関心でいる人たちと、どうやったらつながっていけるのでしょうか？

ローラ　ＥＵでのＴＴＩＰ反対運動はさまざまなセクター、層によって成り立ち、数々のキャンペーンやデモが行われています。地方自治体でのＴＴＩＰ反対決議も広がりました。各国でＴＴＩＰを自国の課題とリンクさせることも有効です。ＴＴＩＰ反対運動を牽引する国の一つはドイツですが、先ほど述べたように実際にＩＳＤＳで提訴されたという経験が非常に大きいですね。もうひとつＴＴＩＰで大きな議論となっているのは、水道などの公共サービスの民営化への懸念です。

私たちが強いキャンペーンを展開できたの

は、いままでは考えられなかったセクター、層の人たちと一緒に運動できるようになったからです。これまで自由貿易に反対する人と言えば、農民や環境団体、労働組合、消費者運動、NGOなど。これは世界どこでも共通していることでしょう。しかし最近は、中小企業やキリスト教民主主義の弁護士、研究者、EU議員、欧州委員会の元貿易担当高官なども参加しています。運動を活性化させ広げるには、「常連でない容疑者たち(unusual suspects)」の存在が欠かせないのではないでしょうか。

メリンダ　アメリカでは大企業や商工会議所、業界団体が政治システムで影響力を行使し、選挙がお金で買われているような状況があります。要するに「政策をお金で買っている」わけですね。その一方で、貧困や格差、最低賃金や気候変動などの問題も企業の支配が強まっていきました。ところが、そこにメスを入れてこなかった。

では、トリクルダウンがもう起きないという中で、アメリカに根本的な価値観の変化はありうるのでしょうか。私自身は、ＴＰＰ反対運動をとおしてここ数年で起きたことを考えると、変革の可能性はあると楽観的に考えています。ＴＰＰ反対は労働者、高齢者、学生、ＬＧＢＴ、女性、消費者団体、環境団体など、大きな広がりを見せました。そして重要なことは、二大政党の民主党も共和党もこうした人びとの声、有権者の怒りに対応しなければならなくなったということです。これが私たちのチャンスになっている。お金では対抗できないとしても、人びとの力を結集して対抗しようとしています。

ローラ　ヨーロッパの視点で言えば、この数十年間に「オルター・グローバリゼーション」（もうひとつのグローバル化）運動がEU各地に広がりました。こうした下地があるので、各地でTTIPなどの話をすると非常に理解が早いというのが実感です。また、スペインのポデモスに代表されるような新しい政党も登場しています。こうした積み重ねの結果、TTIP反対の声は多様で重層的につながりながら、欧州議会を動かす力になりました。

もちろん、課題もあります。TTIP反対の中に、排外主義的なナショナリズムを煽る運動が存在することも事実です。これに対しては、排外主義的な考えと私たちは違うということを明確にしなければなりません。

メリンダ　現在、アメリカでの反対運動の成果があるのも、国際市民社会が企業の権利拡大と闘ってきた歴史のおかげだと思います。WTOに対する運動もそうですし、NAFTAを拡大した米州自由貿易地域構想（FTAA）も、多国間投資協定（MAI）も、市民の反対によって実現していません。こうした抵抗の延長上に、現在のTPPやTTIPとの闘いがあります。

当時も今も多国籍企業は連帯しているので、私たちも連帯しなければいけません。アメリカでは多くの人が、自分の口でうまく言い表すことはできなくても、企業の巨大な権力やルールが自分の生活にどのような影響を与えているか実感し、そして不安を感じています。決して伝えにくい問題ではありません。ですから、あまり詳細や技術的な側面にこだわらず、生活者の視点から、そしてそのシステムの恩恵を受けていない人たちが感じたことを率直に伝えていくべきです。

第3章

途上国にとってのメガ経済連携協定

貧困・開発・人権と貿易はどのように調和できるのか

内田聖子

❶ もうひとつの「秘密」交渉

TPPやTTIP（環大西洋貿易・投資パートナーシップ協定）が行き詰まり、破綻あるいは破綻寸前というなかで、もうひとつ進むメガ経済連携協定が、RCEP（東アジア地域包括的経済連携）である。2013年5月から始まったRECP交渉は、ASEAN（東南アジア諸国連合）10カ国（フィリピン、タイ、ベトナム、カンボジア、ラオス、ミャンマー、マレーシア、シンガポール、インドネシア、ブルネイ）と、ASEANと自由貿易協定（FTA）を締結している中国、インド、日本、韓国、オーストラリア、ニュージーランドの6カ国、合計16カ国で交渉中の大規模な自由貿易協定である。

TPPの経済規模は、参加国のGDP合計が3100兆円（世界貿易の約36％）、人口8億人という世界最大の市場だ。一方、RCEPは2340兆円（世界貿易の約28％）と経済規模はやや小さいが、人口では世界の半数近い約34億人をカヴァーしている。

RCEPの交渉分野は他の自由貿易協定と同様に、非常に広い。モノとサービスの貿易から、投資、経済的・技術的な協力、知的所有権、投資家対国家の紛争解決制度（ISDS）まで含まれる。

ＴＰＰがアメリカ中心であるのに対して、ＲＣＥＰは中国やインドという「アジアの大国」が入っている。両者はよく比較され、その多くは「ＲＣＥＰはＴＰＰを〝より控えめにした〟貿易協定」という評価だ。ＲＣＥＰは関税削減の水準が低く、各国の経済発展の度合いに応じた保護措置もそれなりに担保されるため、低・中所得国に有利だと考えられている。しかし、それは本当なのだろうか？

ＲＣＥＰはＴＰＰと同じく、交渉内容は「秘密」だ。交渉分野やその内容、協定文の草案、さらに日本がどのような主張をしているのかなどは、一切表に出てこない。

また、２０１３年から始まった交渉で、市民社会に開かれたステークホルダー（利害関係者）会合はごく最近まで行われていない。２０１６年６月にニュージーランドのオークランドで行われた第13回交渉会合で初めて、市民組織も参加できる場が持たれたものの、時間は短く、参加した市民やＮＧＯからは「不十分だ」という批判がなされた。今後の改善が期待されたが、８月の第14回交渉会合（ベトナムのホーチミン）ではステークホルダー会合は消失。各国の市民社会は落胆し、「閉じられたドアの向こう側」で秘密裏に進む交渉に批判を高めている。

一方、ビジネス界は各国政府に意見を直接訴える機会を持ってきた。たとえば２０１６年４月に行われた第12回会合（オーストラリアのパース）では、「東アジアビジネス協議会」（ＥＡＢＣ）(1)がＲＣＥＰの貿易交渉委員会に要望を伝えている(2)。同委員会はＲＣＥＰ交渉におけるハイレベルの委員会で、大きな決定力を持つ。東アジアビジネス協議会はこのとき、日本貿易振興機構

（ＪＥＴＲＯ）がまとめた報告書に基づき提言を行ったという。この報告書では、参加各国の企業や投資家がこれまでの自由貿易協定で直面した課題の整理や、各国の貿易戦略と輸出品目の分析などが行われていた。

また、外資系シンクタンクの「アジア貿易センター（ＡＴＣ）」[3]は、アジア各国政府や財界と連携してＴＰＰやＲＣＥＰを熱心に推進している。シンガポールに拠点を置く同センターは、グーグルや貨物運送会社ユナイテッド・パーセル・サービス（ＵＰＳ）などのアメリカ企業や台湾政府、在シンガポール・ベトナム大使館、さらにはアメリカ・アセアンビジネス協会、ＷＴＯ、ＡＰＥＣ（アジア太平洋経済協力）などから資金を得るなど、アジアの自由貿易協定の影の推進者と言える存在である。

アジア貿易センターのウェブサイトには、「ＲＣＥＰ交渉に向けての作業ペーパー」と題した文書があり、そこには電子商取引や原産地規則、投資などさまざまな分野についての「提言」が書かれている。驚くのは、それぞれの提言に、「条文案」として協定文案まで起草されていることだ[4]。公表されているかぎりで言えば、ＡＴＣにはＷＴＯやＴＰＰなどの貿易交渉に直接・間接にかかわってきた経歴を持つ人物がそろっている。彼らにとっては、貿易協定の条文案の作成など手慣れたものだろう。

ＲＣＥＰ交渉が進む過程で随時、具体的な条文案を起草・提案できるということは、協定の概要や章立て、交渉の進捗について知っていることを意味しているだろう。前述のパース会合では、こうしたビジネス界の人物が「ステークホルダー」として交渉官と自由に話をするイベントも開催された[5]。もちろん、各国の市民団体や労働組合、NGOなどはそこへ参加できない。16カ国の国民には完全な秘密とされている交渉を、実際に動かしているのは誰なのか。そして、RCEPは参加国の人びとにとってメリットのある貿易協定なのか。

本章では、極度の秘密主義のなかで参加国の市民社会のネットワークが日々情報収集し、リーク文書などをもとにRCEPの内容を分析した結果から、途上国にとっての自由貿易協定の影響と問題点を論じる。具体的には、「開発や貧困削減、環境保護、小規模農業の保護」など、国際社会が共通して取り組むべき課題が、「貿易や投資」と真っ向から対立し、矛盾を生み出している実態を明らかにしたい。併せて、日本政府のかかわりや私たちの課題も提示したい。

2　日本でまったく注目されないRCEP

インターネットの検索エンジンで、「RCEP」と入力してみてほしい。日本語で書かれたニュースや記事は、ほとんど出てこない。アメリカ大統領選挙の結果、TPP発効が絶望的になった直後、にわかにメディアにも注目されたが、それも数日のことだった。RCEPの正式交渉は日本のTPP参加とほぼ同時期の2013年5月から始まっているが、交渉開始に至るまでの過程はさらに時代を遡る。

RCEPの原点は2005年4月、中国が「東アジア自由貿易圏構想（EAFTA「イーフタ」、ASEAN+3（日本、中国、韓国））」を提案したことだ。2年後の2007年6月には日本の提案により、東アジア包括的経済連携構想（CEPEA「セピア」、ASEAN+6（日本、中国、韓国、インド、オーストラリア、ニュージーランド））の民間研究が開始されている。これらを統合するものとして登場したのがRCEPだ。2011年に準備段階として、3つの作業部会（物品貿易、サービス貿易、投資）が設置され、13年の正式交渉開始へ発展していく。

このように、構想から準備段階まで含めると10年以上も前から日本が積極的に関与してきた貿易交渉である。にもかかわらず、マスメディアもNGO、研究者も、国会議員ですら、関心を払ってこなかった。新聞記事にもならないのだから、一般の人びとは存在すら知りようがない。

なぜなのか。表面的には、前述のとおり「RCEPはTPPほど害はない（日本に大きな打撃を与えない）」ということなのだろう。国内の反対運動も、TPPに関して「アメリカから収奪される日本」という構図を描き、その脅威を原動力に進めてきたため、アメリカ抜きの経済連携にはさほどの関心を払う必要がなかったのだろう。

もちろん、秘密交渉であるという点も大きい。RCEPを担当する省庁は、外務省、経済産業省、財務省、農水省の4つで、とりまとめは外務省である。だが、外務省のウェブサイトを見ても「○月○日、第○回交渉会合が○○で行われました」という文言が機械的に掲示されているだけで、交渉内容は何もわからない。これまで、政府によるRCEP交渉に関する説明の場もパブリックコメントも、一切なされていない。

政府の説明の不十分さは、マスメディアの責任と表裏一体である。2016年末まで16回も重ねられてきた交渉会合に1社も取材に行っていないはずはないが、記事にはならない。独自に取材をしようと思えば、日本はじめ各国の交渉担当者や市民組織、研究者へのアプローチが可能であろう。

TPP参加表明の前後、中身もわからないまま「平成の開国」「アジアの成長を取り込め」「バスに乗り遅れるな」と喧伝してきたマスメディアが、RCEPについてここまで沈黙を決め込んでいるのは、なぜなのだろう。中国やインド、その他アジア各国との貿易交渉はアメリカとのそれよりもニュースバリューが低い、ということなのだろうか。

さらに根本的で、深刻な理由もある。ひとつは、現在進むメガ経済連携協定の全体像やその本質について、日本で理解されていないという点だ。

WTOも数々の貿易協定も、時代や交渉分野、交渉国は違えど、中身は互いに関連しあう。頓挫したWTOを時代的に受け継ぐTPPでは、多くの分野で「WTOプラス」、あるいは「知的所有権の貿易関連の側面に関する協定(TRIPS協定)プラス」[(6)]というように、WTOの規定よりさらに自由化度を高める条項が盛り込まれている。WTOでの自由化水準が高まることはあっても、低くなることは決してない。「WTOでここまで到達したのだから、それ以降の貿易協定で引き下げるなどあり得ない。もっと促進しよう」という話なのだ。事実、後述するようにRCEPの知的所有権分野では、「TPPプラス」あるいはTPPと同水準の提案がなされている。

つまり、どのような貿易協定も相互にリンクしながら自由化度を高めており、個別の貿易協定はいわば「乗り物」にすぎない。どの乗り物を選んでも、自分の前に乗った人が進んできた道を元に戻ることはできない。その意味で、「TPPが頓挫すれば日本の危機は消滅する」ことはあり得ない。仮にTPPが完全に破棄されたとしても、膨大な協定文書、つまり各国が約束した内容や自由化水準は消えるわけではない。別の協定に入れ物を変えられ、ゾンビのように生き返り、私たちの前に再び差し出される。こうした貿易協定のありように対する理解が、現在の日本社会では共有できていない。だから、RCEPとTPPは「別物」として扱われ、考慮されることなく進んできた。

もうひとつは、RCEPのような貿易協定が途上国に与える影響についての視点が日本では弱いことだ。先進国であり、経済大国である日本は、RCEPでは「強者」である。もちろん、TPP参加国のなかでも日本は経済力で「強者」だが、アメリカの圧倒的な力によってそれを意識せずにすませられた。しかし、RCEPでは日本は中国と並ぶ経済大国である(図1参照)。その影響力の大きさを考えたとき、TPP(つまりアメリカとの関係)ほどの関心が払わ

図1　TPP(上)とRCEP(下)参加国のGDP割合

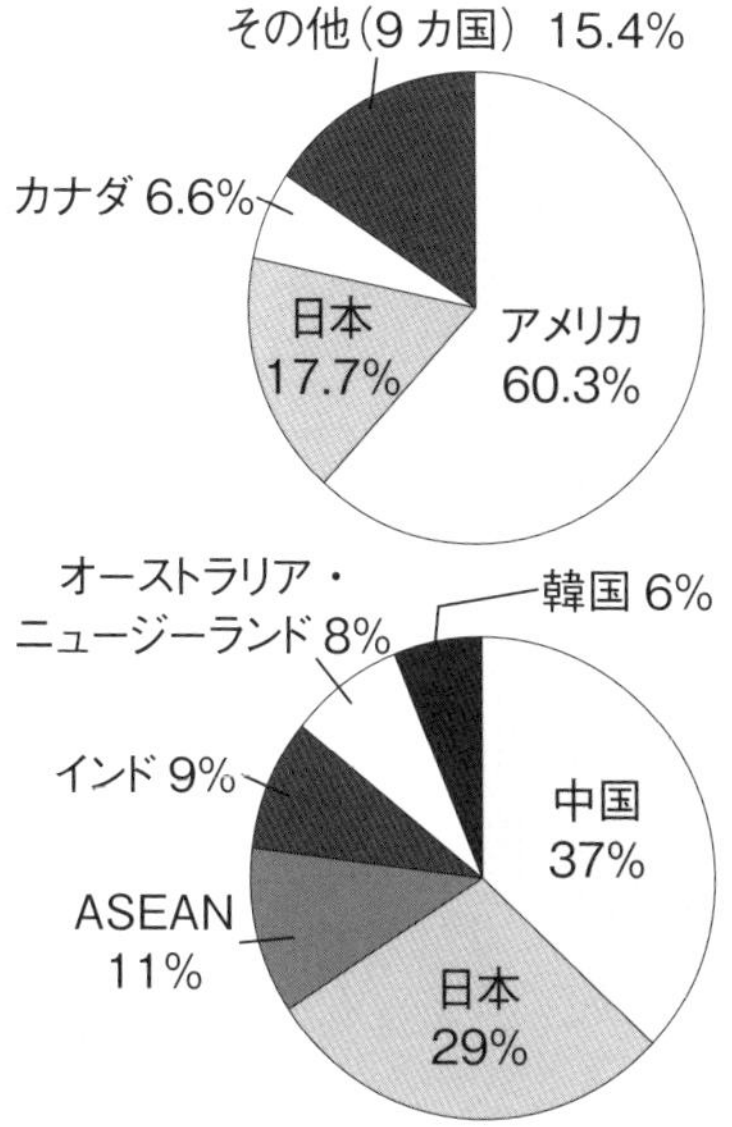

(出典) IMF World Economic Outlook Database, April, 2013, 2015.

れてこなかったことは、経済政策としても外交という点でもバランスを欠いていると言わざるを得ない。

ＴＰＰやＴＴＩＰ同様、ＲＣＥＰで問われている課題は、以下のように共通している。

①大企業や投資家だけが恩恵を受けるのではなく、人びとにも富が配分され、貧困や格差が是正されるのか。

②大企業の力が必要以上に強化されないよう、国際的にどのような規制を行っていけるのか。

③貿易や投資が、貧困、人権、ジェンダーの平等、労働環境を悪化させてはならない。

④貿易や投資が、気候変動への対策や低炭素社会への移行を妨げず、自治や主権、民主主義を侵害しない。

先進国である日本に生きる私たちは、これらの課題に真剣に向き合ってきたのかという点が、改めて問われるべきだろう。

なお、ＲＣＥＰの正式名称は「Regional Comprehensive Economic Partnership」という。現在の交渉参加国はＡＳＥＡＮ10カ国と中国、日本、韓国、インド、オーストラリア、ニュージーランドと地域も広い。英語に忠実に訳せば、「アジア・オセアニア包括的経済連携」だろう。しかし、日本政府は「東アジア地域包括的経済連携」と規定している。

初歩的すぎて指摘するのも馬鹿馬鹿しいが、ＡＳＥＡＮ10カ国は東南アジア、インドは南アジア、オーストラリア、ニュージーランドはオセアニア。東アジアは、日本と中国と韓国だけだ。なぜ、これら多様な地域の16カ国による交渉が「東アジア地域」と訳されるのか。ＡＳＥＡＮやインドは、日本政府にとって無視してもいい存在なのだろうか？　東アジア以外の国々がこれを知ったら問題だと思うが、こうしたレベルの間違い（あるいは意図的な誤訳）をマスメディアも指摘しない。日本政府の「アジア」認識は、いったいどうなっているのだろうか。

❸ 命をつなぐ医薬品アクセスの危機

ＲＣＥＰに参加している16カ国には、経済規模や発展の度合い、貧困の状況にかなりの差がある。日本や韓国、オーストラリアなどの先進国が含まれる一方、経済指標ではもっとも貧し

表１　RCEP 参加国の 2016 年度「円借款主要国所得階層別分類」

後発開発途上国(LDC)	ラオス、カンボジア、ミャンマー
貧困国	—
低所得国	インド、ベトナム
中所得国	インドネシア、フィリピン
中進国	タイ
卒業移行国(中進国を超える所得水準の開発途上国)	中国、マレーシア
先進国	日本、韓国、シンガポール、オーストラリア、ニュージーランド、ブルネイ

（出典）国連および世界銀行の資料から筆者作成。

い後発開発途上国が存在する。後発開発途上国（ＬＤＣ）はじめ多くの開発途上国は、国連の経済社会理事会（ＥＣＯＳＯＣ）が所得水準、栄養不足人口や就学率、成人識字率などの人的資源、経済的脆弱性の３つの基準をもとに定義する国々である。アフリカ34カ国、アジア９カ国、太平洋地域４カ国、カリブ海地域１カ国の48カ国（２０１４年）。ＲＣＥＰ参加国では、ラオス、カンボジア、ミャンマーが該当する（表１）。

開発途上国にはエイズやマラリアなどの病気を持つ人びとも多く、患者にとって安価な医薬品が手に入るか否かは命に直結する。そのため、国民に医療や医薬品アクセスをいかに保障していくかは各国政府にとって重大な課題である。

２０１５年10月、ＲＣＥＰをウォッチする国際ＮＧＯネットワークのメーリングリストに大きなニュースが舞い込んできた。

「ＲＣＥＰの知的所有権章の協定文案（テキスト）がリーク」

アメリカの知的所有権に関する活動を行うＮＧＯのＫＥＩ（Knowledge Ecology International）が自身のウェブサイトにリ

ーク文書を発表したのだ。２０１４年にも同章の一部がリークされていたが、今回のリーク文書を併せてみると、全体像と詳細な内容が理解できる。各国のＮＧＯは一夜にしてそれを読み解き、その脅威を分析したメールが次から次へと投稿された。

テキストと分析を読み、私は衝撃を受けた。医薬品の特許に関して、日本と韓国がＴＰＰと同じ水準の特許保護をＲＣＥＰで主張していると書かれていたからだ。医薬品の特許に関する規定は、「知的所有権」分野に含まれる。ＴＰＰでも最大の問題になったように、大手製薬企業は一貫して新薬の特許期間の延長や、臨床データの保護期間の延長など、自社の特許保護の強化をさまざまな貿易協定で求めてきた。ＴＰＰではその主張の多くが通る形で妥結したが、ＲＣＥＰでも同じ水準の提案が日本からされているのだ。

ＲＣＥＰ交渉の知的所有権分野で問題となっているのは、次の二点である。

ひとつは、医薬品の特許期間の延長。提案では、製薬会社の持つ薬の特許期間を現行の20年よりさらに5年間延長できる、とされている。これが確定すれば、特許を持つ先発医薬品メーカーは薬の値段をより長く、高いまま設定できるが、ジェネリック医薬品を製造できる時期は先延ばしにされる。

もうひとつは、薬の登録に必要な臨床試験データの保護規定だ。提案では、製薬会社は5年間、臨床試験データを独占できるという内容だ。ジェネリック医薬品を製造したい場合、メーカーは薬の登録をする。その際に必要な臨床試験データが開発メーカーによって独占されていれば、自分たちで一から臨床試験を行い、データを集めるしかない。それには膨大なコストがかかり、現実的には無理である。したがって、この「データ保護規定」は事実上、ジェネリック医薬品の製造を妨げる。しかも、特許が切れた薬にもデータ保護は適用されるため、ジェネリック医薬品の市場参入・流通は大きく制限される。TPPではデータ保護期間は8年となったが、もともと途上国側は0年を主張していた。

これらはTPPとほぼ同水準の規定であり、またWTOのTRIPS協定で定められた特許の保護規定よりも強い。

RCEPにおいてこうした規定が大きな問題となる理由は、インドが参加しているからだ。インドは世界でも有数のジェネリック医薬品製造国であり、「途上国の薬局」とも呼ばれている。その歴史は、インド独立の父であるマハトマ・ガンジーにさかのぼる。ガンジーは「独立国家であるためには、医薬品を自国で調達できなければならない」という思想のもと、国内のジェネリック医薬品産業を保護育成してきた。もっとも有名なシプラ社は2001年、アフリカで未曽有の数の人びとが高い特許薬を買えずにエイズで命を落とす状況に対し、1日1ドルという破格の値段のジェネリック医薬品を製造し、各国へ輸出した。

このようにジェネリック医薬品製造を「国策」とするインドは、WTOの時代から知的所有権の強化に反対し、医薬品アクセスの必要性を訴えてきた国のひとつである。「国境なき医師団」によれば、現在もインド製の安価なジェネリック治療薬によって、世界でエイズとともに生きる1700万人が治療を受けられている。また、国境なき医師団がエイズ、結核、マラリアの患者を治療するために購入する全医薬品の3分の2は、インドで製造されるジェネリック医薬品であるという。

しかし、もしRCEPでの知的所有権に関する規定が、日本と韓国が提案しているような内容で合意されれば、インドではジェネリック医薬品の製造が困難となり、それに頼る世界中の人びとに深刻な打撃を与えかねない。すでにインドのジェネリック医薬品産業は、1995年のTRIPS協定によって活発な製品製造が困難になった。2001年には特許保護よりも公衆衛生を重視するための「ドーハ宣言」が採択され、例外も認められるようになったが、貿易交渉の中で常に圧力にさらされている。RCEPでより厳格で負担の重い特許保護が行われれば、さらに製造が困難となる。

その結果もっとも深刻な影響を受けるのは、後発開発途上国のラオス、カンボジア、ミャンマーだ。これらの国々は、医薬品アクセスを確保するためにこれまでも数々の貿易交渉で苦心してきた。WTOでは「自分たちが後発開発途上国と規定されているかぎり、TRIPSの適用を2033年まで保留する資格がある」と主張している。TRIPS協定にせよTPPにせよ、基本的には先進国の強大なグローバル企業の意向に沿って進められてきた。経済学者のジョセフ・E・スティグリッツ氏は、こう指摘している。

「TRIPS協定は先進国政府と大手製薬企業のためのものであり、途上国の人びとから医

薬品へのアクセスを奪う『死刑宣告』だ」(7)

経済発展がそれなりに進んだ国にも被害は及ぶ。たとえばマレーシア政府は、インドからジェネリックの抗レトロウイルス薬（ARV）を購入し、国内のHIV陽性の患者に無料提供している。この薬の価格が上がったり、製造できなくなれば、マレーシアはこれまでのような患者への治療プログラムを継続できなくなるだろう。

また、インドのジェネリック医薬品に頼っているRCEP非参加国にも影響することは、容易に想像できる。エイズ治療薬に限らず、薬剤耐性結核やウイルス性肝炎、非感染性疾患、薬剤耐性など、新たな公衆衛生対策に不可欠なジェネリック医薬品とワクチンをインドの製薬企業が製造してくれることを、各国が期待している。これらのすべてにRCEPは関係し、アジアそして世界各国に、その影響が連鎖的に及ぶ危険がある。国境なき医師団の必須医薬品キャンペーンの医療コーディネーター、グレッグ・エルダー医師は、RCEPの内容について次のように述べている。

「この協定の条項案により、人びとが必要なジェネリック薬の入手を阻まれれば、HIV／エイズなど多くの病気の治療が遅延または停止し、健康に深刻な影響が生じかねません。（中略）インドとASEANの交渉担当者に、いかなる貿易協定を締結しようとその条項がジェネリック薬の供給を妨げる結果にならないよう求めます。国境なき医師団も世界の途上国の多くの人も、ジェネリック薬が頼みの綱なのです」(8)

リーク文書が示すとおり、日本と韓国がＲＣＥＰで知的所有権の保護強化を他国に提案しているとしたら、そのことが途上国でジェネリック医薬品を必要とする人びとにとってどのような意味を持つのか。私たちはその加害性について、立ち止まって考えなければならない。そして、そうした提案を取り下げるよう日本政府に求めていく必要がある。

4 農民の種子に関する権利が脅かされる

２０１６年7月末、マレーシアのクアラルンプールで「ＲＣＥＰに対抗する国際ＮＧＯ会議」が開催され、ＲＣＥＰ参加国の農民団体や医療団体、ＮＧＯや研究者など約80人が集まった。私も日本のＮＧＯの一員として参加した。その際たくさん目にしたのが、次のように書かれたパンフレットや報告書である。

「種子はみんなのもの、コミュニティのもの、先人から受け継いだもの」

アジア各国の農民たちは、自らが持つ種子に関する権利が脅かされるのではないかと懸念していた。ＲＣＥＰでいったい何がどのように変わり、人びとは何を求めているのだろうか。

農民たちの懸念は、医薬品アクセスと同じく、日本と韓国が提案する種子に関する知的所有権の保護強化にある。ＲＣＥＰの規定によって、農民がこれまでのように種子の保存や交換ができなくなるからだ。

どのような国や地域であっても、農民たちは土壌や植生、家畜の飼料、気候、水の利用可能性、地域の文化など数々の条件を考慮したうえで、植える作物を選択してきた。そして、自ら種子を保存し、自由に交換するという長い伝統を持っている。異なる種子をかけあわせ、次の作付時期に向けて種子を蓄えてきた。

ところが、アジアの農民にとってこうした伝統は、もはや当たり前のことではない。1960年代の「緑の革命」[9]以降、各国政府や企業の力によって、農民たちは高収量の種子へ切り替えさせられてきた。モンサント社やシンジェンタ社をはじめとするアグリビジネスは、農民が自家採取した種子よりも、自社の遺伝子組み換え種子のほうが「優れている」と言って、販売を促進してきたのだ。それでも、「アジア太平洋種子協会」[10]によれば、アジア全体で農民が自家採取する種子は8~9割を占めている。これに対して、アグリビジネスは、アジアの農民への種子の供給を常に狙っている。

これまでも種子を支配・独占しようとするアグリビジネスは、各国政府に圧力をかけ、知的所有権に関する国内法を変更させて、種子の私有化を実現してきた。貿易協定は、こうしたルールを政府に実行させるための格好のメカニズムでもある。「知的所有権の貿易関連の側面に関する協定(TRIPS協定)」は、参加国すべてに種子の私有化を強制したが、抜け道も多かった。アグリビジネスにとって、TRIPS協定は「不十分」な水準なのである。

そしてリーク文書によれば、ＲＣＥＰ交渉で日本と韓国は知的所有権分野において、１９９１年版の「植物の新品種の保護に関する国際条約（ＵＰＯＶ条約）」の批准をＲＣＥＰの全参加国に求めている。この条約は、各国がどのように植物種の保護を実行しなければならないかについての共通基準を定める。植物の新品種を育成者権という知的財産権として保護することを目的としており、１９６１年の制定後、72年、78年、91年に改訂された。１９９１年版の条約を署名しているのは55の国と組織だけで（日本はすでに１９８２年に署名済み）、国際的に見れば多くの国々が署名しているわけではない。

現在、世界の種子市場の６割以上が７つのアグリビジネス[11]によって占められている。ＵＰＯＶ１９９１年条約は、そうした多国籍企業の利益を保護するための国際条約と言ってもいい。企業による種子の私有化を認め、農民に経済的負担を強いるとして、中南米諸国など途上国の農民からは「モンサント条約」と呼ばれ、強い批判と抵抗を受けている。

この条約のもとでは、アグリビジネスをはじめとする企業と育種機関は農民から種子を入手し、それを育成し、安定化あるいは均質化のための選定を行う。その後、彼らがその種子を「発見した」として権利を主張できる。加えて、１種類の種子に与えられる知的所有権が「類似した」種類の種子にも及ぶと規定している。そこには、農民が持つ種子も容易に含むことができる。

このようにして、種子企業は特定の種子を「自分たちのもの」と規定し、生産と増殖、販売、輸出入を行う占有権を手に入れられる。種子を使用したい場合は、誰もが企業に許可を得て、ロイヤリティ（特許使用料）を支払わなければならない。

また、この条約のもとでは、種子企業に使用料を支払って許可を得ないかぎり、私有化された種子の保存や交換ができない。農民が許可なく種子を保存した場合や、その種子と類似した種子を交換した場合であっても、企業は「権利を侵害された」と主張できる。企業の許可がなかったり、特許料未払いが疑われた種子は、いかなる場合であっても出荷が停止される。企業の占有権を侵害していることが明らかになれば、種子はただちに廃棄され、罰金を支払わなければならない。

実はＴＰＰの第18章「知的所有権」にも、「締約国はＵＰＯＶ１９９１年条約を批准すること」という規定が盛り込まれている。日本ではＴＰＰにおける農業問題は農産物の関税問題だけと捉えられているが、途上国の農民にとって最大の打撃はこの規定である。メキシコやチリなど中南米諸国の農民たちは、ＴＰＰ以前から一貫して、ＵＰＯＶ１９９１年条約の批准に反対して激しいデモを繰り広げてきた。ＴＰＰにこの批准義務が盛り込まれたことで、さらに反対の声を強めている。

アジアでもＵＰＯＶ１９９１年条約への抵抗は強い。たとえばタイでは２０１３年、ＥＵとのＦＴＡ交渉の草案テキストがリークされたとき、北部のチェンマイで数千人規模のデモが起こった。リーク文書で、タイにＵＰＯＶ１９９１年条約の批准が求められていたからだ。農民たちは種子の保存や交換をさらに制限するものとして、批准を迫るタイ・EU貿易協定に反対した。

グローバル化が進むなかで、知的所有権は多国籍企業の戦略において非常に重要な意味を持つ。知的所有権保護の強化は、WTO設立とTRIPS協定の締結によって一気に加速した。特許制度は属地主義と呼ばれる各国主義がとられ、各国ごとに制度が異なるため、事業者はそれぞれの国に申請して承認されなければならない。それは複雑で煩雑な手続きで、「貿易障壁」になるとして、多国籍企業側は長らく統一化を求めてきた。TPPでも知的所有権の保護強化がなされており、その意味では多国籍企業の要望が通った形である。

こうした流れのもとで、貿易協定の規定に多国籍企業にとって有利な内容の「国際条約への批准」を義務づける内容が登場するようになった。複数国が参加する貿易協定で一つのルールとして採用されれば、多国籍企業にとっては大いに手間が省ける。

多くのアジア諸国では、農民が種子を保存し、育成し、交換する自由は、すでに阻害されつつある。そこにRCEPでのUPOV1991年条約の批准が加われば、農民たちの経済的負担はより大きくなるだろう。農民が特許を持つ種子企業からの購入によってしか合法的に種子を得られなくなれば、外部からの供給により依存することになる。国際的な調査研究NGOであるスペインのGRAINは、特許の強化は現在の3倍もの種子の価格を農民に強いると指摘している。

5 高まるＩＳＤＳへの批判

１９８０年代以降の自由貿易のさらなる加速に伴い、各国内での規制や法律は緩和され、企業や投資家はますます自由にビジネスを展開できるようになった。まさに、大企業が国家を凌駕している時代に私たちは生きていると言えるだろう。

そのことを具体的に示す仕組みのひとつが、投資家対国家の紛争解決制度（ＩＳＤＳ）である。ある国の政策や法制度の変更がなされたことによって「従来予定していた利益」が損なわれたという理由で、投資家や企業がその国の政府を訴え、勝訴すれば多額の賠償金を得られる。ＩＳＤＳは多くの貿易協定・投資協定に含まれており、日本が締結しているＥＰＡ（経済連携協定）にも盛り込まれている（日本はこれまで、他国の企業や投資家から訴訟を起こされたことはない）。

国際市民社会では、ＩＳＤＳが一握りの大企業にさらに強大な力を与え、人びとの暮らしや主権を脅かす非民主的な仕組みであるとして、かつてないほどの厳しい批判が巻き起こっている。ＴＰＰやＴＴＩＰにも規定されており、欧米市民社会では、スティグリッツのような経済学者も、エリザベス・ウォーレン（アメリカの民主党）など有力国会議員も、パブリック・シチズンやシエラ・クラブなどのＮＧＯや環境団体も、あらゆる層がＩＳＤＳを問題視している。

こうした批判は、これまで多くの国(とくに途上国)の政府がＩＳＤＳによって大企業の食い物にされてきた経験に基づく。環境破壊や先住民族の強制移住などを伴って行われきた大規模開発を政府が差し止めたり計画撤回した直後に大企業から訴訟を起こされるケース(エクアドルやペルー)、水道の民営化契約を継続しなかったため先進国の水道企業から訴えられたケース(アルゼンチンやボリビア)など、世界の訴訟事例は年々増加し、２０１６年時点で累計約７００件にも及ぶ。

先進国が訴えられる事例も増えている。アメリカでは「ＴＰＰが妥結すれば、日本の企業からアメリカ政府が訴えられるリスクが格段に増す」との主張も非常に多く、ＴＰＰ反対の大きな理由であった。

このＩＳＤＳが、ＲＣＥＰにも規定されているという。リーク文書によれば、提案したのは日本と韓国である。前述したとおり、ＷＴＯ以降のメガ経済連携協定は、それぞれリンクしている。ある貿易協定で決められた自由化の水準やルール分野の規定は、並行して行われている他の貿易協定に影響を与える。その水準は、高められることはあっても、低くされることはほとんどない。その意味で、ＩＳＤＳがＲＣＥＰに盛り込まれたことは必然でもある。

では、参加国への影響はどのようなものだろうか。１９８０年代以降、アジア各国もＩＳＤＳによって提訴されてきた(表２)。

もっとも多いのはインドの20件だ。２００３年以降、イギリスやフランス、オランダ、オーストリア、ドイツなどの投資家や大企業から訴訟を起こされてきた。たとえばオランダの通信会社ボーダフォン社は、インド政府が遡及的な取引税を課したことで同社がインドで展開している事業で得られるはずの利益が損ねられたとして、２０１４年にインド政府を提訴している（現在、係争中）。

また、オーストラリアのホワイト・インダストリー社（以下ホワイト社）は、インドの国営企業インド炭鉱公社と契約を結び、炭鉱設備の供給を行ってきた。しかし、石炭プラントの目標産出量をめぐり両社に対立が起き、１９９９年にホワイト社はインド炭鉱公社に対して、仲裁機関である国際商業会議所（ＩＣＣ）での紛争手続きを申し立てる。仲裁廷はホワ

表２　ISDSによるアジア各国の提訴の状況

国　名	提訴されたケース	自国企業が他国政府を提訴したケース
インド	20	3
インドネシア	6	0
オーストラリア	1	3
韓国	3	3
シンガポール	0	2
スリランカ	3	0
タイ	1	0
中国	2	4
日本	0	1
パキスタン	9	0
バングラデシュ	1	0
フィリピン	4	0
ベトナム	4	0
香港	0	1
マレーシア	3	3
ミャンマー	1	0
モンゴル	4	0
ラオス	2	0
アメリカ	16	145

（出典）http://investmentpolicyhub.unctad.org/ISDS/FilterByCountry

イト社の勝訴判決を出したが、インド炭鉱公社は不服を申し立て。並行してホワイト社は、インド国内で執行訴訟裁判を起こした。

最終的にホワイト社はインド政府に対して、インドの最高裁判所がこの件に関する司法手続きを9年間も滞らせたという理由で、インド・オーストラリア投資協定に含まれるＩＳＤＳを使って投資仲裁廷に提訴。ホワイト社が勝訴した。

次いで多いのが9件のパキスタンだ。２００1年以降、イタリアやスイス、イギリス、クウェートなどの企業や投資家から、ＩＳＤＳを使った訴訟を起こされている。

一方、群を抜いて多くの訴訟を起こしているのがアメリカの企業や投資家だ。２０１6年時点で１４5件にも及ぶ。アメリカの大企業や投資家が訴えた国はペルー、エクアドル、ベネズエラ、グアテマラなど中南米諸国、エジプトやオマーンなど中東諸国、ルーマニア、ポーランドなど東欧諸国、そしてＮＡＦＴＡ（北米自由貿易協定）締結国であるメキシコやカナダなどである。訴訟の理由は環境汚染を起こしたとして相手国政府から工場操業停止命令を出されたケースや、医薬品の販売を不許可とされたケースなど、多岐にわたる。逆にアメリカが他国の企業や投資家から訴えられたのは16件だ。

なお、表2は訴訟が実際に起こされた数である。多くの場合、大企業や投資家は提訴の前に相手国政府へ「協議」の申し入れをする。訴訟には至らなかったものの、企業から政府にさまざまな形で圧力がかけられているケースも多いだろう。こうした圧力によって公共政策に「萎縮効果」をもたらすことも、ＩＳＤＳの問題点として多くの研究者や市民社会から指摘されてきた。

アジア各国は現在、貿易協定の拡大に伴い、ＩＳＤＳによる提訴が増加することへの危機感を募らせている。２０１６年8月、ＲＣＥＰ参加国を中心とする国際市民組織95団体[12]が「ＲＣＥＰにおけるＩＳＤＳに反対する要請文」を参加各国の政府に提起した。そこでは、次のように述べられている。

「過去のＩＳＤＳ訴訟の事例では、公衆衛生や環境に関する規制、税制、金融規制、その他多くの法律が提訴の対象となってきた。敗訴した政府は、一つのケースで４００億ドルもの賠償金を投資家に支払わなければならないこともあった。このような額は、支払い可能な国の政府であっても非常に大きな負担となる。加えて、ＲＣＥＰにはカンボジア、ラオス、ミャンマーという後発開発途上国が含まれており、これらの国が外国投資家に多額の賠償金を支払うことは大変な重荷である」

世界のＩＳＤＳ訴訟はこれまで６９６件に達し、１０７カ国が提訴された。訴訟数は２０１５年がもっとも多い。投資家の権利を拡大し、規制を課す政府の能力を制限するこうした訴訟は、多くの先進国および発展途上国の政府が、二国間投資協定（ＢＩＴ）や二国間自由貿易協定（ＦＴＡ）の投資に関する章で、ＩＳＤＳを含む投資家の保護規定に対する姿勢を見直す原因となっている。ＲＣＥＰ参加国では、以下のような動きがある。

①インドとインドネシアは、二国間投資協定から撤退する方針を決めた。

②インド政府はＩＳＤＳを含む投資協定を再交渉し、外国企業は各国の国内裁判所だけに訴訟を提起するよう改正することにした。

③シンガポールの司法長官とオーストラリアの最高裁判所長官は、ＩＳＤＳに対する懸念を表明している。

④ニュージーランドの最高裁判所長官は、国内法廷の決定に基づく人権規定さえもＩＳＤＳによって提訴されかねないと指摘した。

ＲＣＥＰ参加国以外でも、ＩＳＤＳへの反対や二国間投資協定からの撤退が続いている。

①南アフリカとエクアドル、ブラジルは、ＩＳＤＳを含む二国間投資協定から撤退した。

②ＥＵ議会は２０１５年に、ＥＵ市民からのＩＳＤＳへの圧倒的な反対の声を受け、パブリックコメントを実施した。約15万人がＩＳＤＳへの見解を示し、97％が「反対」を表明。その結果、ＥＵ議会はＩＳＤＳの問題点を改善した改革案を作成し、アメリカに提案した。

③カナダＥＵ包括的経済貿易協定(ＣＥＴＡ)に反対する各国市民の主な論点は、ＩＳＤＳの問題である。

④アメリカのすべての州議会は、いかなる協定においてもＩＳＤＳに反対している。

国連の人権機関もまた、ＩＳＤＳに対する深刻な懸念を表明している。国連特別人権専門家の10人が２０１５年６月２日、ＴＰＰやＴＴＩＰなどの自由貿易協定や投資協定について、貧困問題を深刻化させるなど人権に対する否定的影響を懸念する声明を発表した。[14] 声明は、貿易・投資協定が参加国において公衆衛生や食品の安全、労働などに関する基準を引き下げ、また医薬品の特許権の保護期間延長により、人権の保護と促進に逆行する影響をもたらしかねないと指摘している。とりわけ、専門家たちの間でＩＳＤＳへの懸念が強い。

「ＩＳＤＳのもとで、多くの国家が持つ規制を課す機能や、公共政策の立案能力が危険にさらされており、政府の委縮効果が見られる。この萎縮効果によって、食の安全や環境、医薬品アクセスなど人権にかかわる公共政策が後退することを危惧する」

専門家たちはまた、交渉中の条文テキストが発表されるべきであり、交渉が市民社会を含む利害関係者の参加を伴う透明性に基づいてなされるべきであると提言した。

アメリカやＥＵのような先進国でも、ＩＳＤＳへの危機意識はますます高まっている。アメリカ市民社会の多くの人びとがＩＳＤＳは主権を脅かすとして、貿易協定から除外するよう求めているが、その論点は二つである。

ひとつは、アメリカが他国の大企業や投資家から訴えられることへの危機感、つまり被害者となることへの恐怖である。もうひとつは、アメリカの企業や投資家がこれまで行ってきた数々の途上国政府への訴訟をこれ以上繰り返すなという、加害者にならないための主張である。ＩＳＤＳは人びとにとって何の利益もない有害な仕組みであると、強く批判しているのだ。先進国・途上国を問わず、人びとはＩＳＤＳによる企業や投資家のさらなる力の行使に明確にノーを突き付けている。

こうした状況のなかで、ＲＣＥＰにＩＳＤＳが埋め込まれるとすれば、どのような意味を持つのだろうか。日本の政府や財界は、「ＩＳＤＳは日本企業にとって心強いツール」と、ＴＰＰでＩＳＤＳが規定されたことを「歓迎」している。ＲＣＥＰ交渉でもリーク文書のとおり、日本がＩＳＤＳの導入を提案したという話も十分あり得るだろう。アメリカが含まれないＲＣＥＰでは、日本という国と日本企業は他国にとって非常に大きな力を持つ。

アメリカ企業ほどの訴訟を日本企業がすぐさま起こすとは思わないが、他国を提訴するケースは増えていく可能性がある。その際、提訴された国(とくに途上国)の経済的・社会的な損失やダメージは大きい。ＲＣＥＰ参加国のすべての人びとにとって、ＩＳＤＳは「非民主的で不公正な仕組み」である。大企業にとって有利なツールを存分に利用して、日本企業が途上国の人びとの税金から多額の賠償金を得たとき、はたして私たちはその国の人びとと「無関係」でいられるだろうか？

6 達成できなかった国連ミレニアム開発目標

国家をも動かすほどの力を持つようになった大企業や投資家の存在。１９８０年代に新自由主義政策が各国で導入されて以降、企業活動や投資の動きは加速化した。同時に、この30数年間、国際市民社会は途上国における貧困や飢餓、公衆衛生や医薬品へのアクセスなどの問題の解決を目指してきた。さらに、気候変動対策や低炭素型社会への移行などグローバルな環境問題にも取り組んでいる。見方を変えれば、この30数年間で「利潤なのか、命や人権なのか」という綱引きが行われてきたのである。

ところが、残念ながら、企業や投資家の活動には最大限の自由が与えられてきた一方で、貧困も飢餓も劇的に削減はされていない。簡単に言えば、貧困や飢餓、環境問題や医薬品アクセスなどの解決を阻んでいるのは、大企業のビジネスや投資活動である。貿易が一国にもたらす経済効果や損失を超えて、この二つの相克に正面から向き合わないかぎり、本当の意味での「新しい貿易や経済活動の姿」を描くことはできない。

２０１５年は、国連ミレニアム開発目標（ＭＤＧｓ）[15]の達成期限であった。その前年の２０１４年11月、国際連合貿易開発会議（ＵＮＣＴＡＤ）は、ミレニアム開発目標の達成がもっとも困難とされている後発開発途上国に関する報告書を発行した。同書によれば、２００８年から12年で後発開発途上国は平均５・７％の成長率を達成したにもかかわらず、ほとんどの国でＭＤＧｓの達成は不可能とされている。

世界銀行の統計によれば、国際貧困ライン（１日１・90ドル未満）で暮らす貧困層は２０１２年に８億９６００万人（世界人口の12・７％）、15年は７億２００万人（世界人口の９・６％）と予測される。数は確かに減少しているが、それでも７億人もがぎりぎりの貧困状態で生きていかざるを得ない。

格差も拡大している。いま世界では、もっとも裕福な1％の富裕層が世界の資産の48％を所有している（2015年、オックスファム調査）。日本では、純資産1億2000万円以上の富裕層は212万6000人で、わずか2％（クレディ・スイス「2015年度グローバル・ウェルス・レポート」2015年11月）。一方、6人にひとりが貧困状態である。多くの人びとが将来に不安をかかえながら、毎日を過ごしている。

国際社会が共通の課題として取り組んだはずの世界の貧困と飢餓の撲滅や初等教育の達成などの目標が達成されず、むしろ悪化・後退しているケースもあるのは、なぜなのか。1980年代に標榜された「トリクルダウン」は実証されず、むしろ行き過ぎた市場原理主義や自由貿易推進が貧困と格差を生み出す原因であることが明らかになっている。経済成長を果たしたとしても、それが公正に分配されず、強者の一人勝ちであれば、人びとは決して「幸せ」にはなれない。

7 貿易や投資に貧困削減や格差の是正などを埋め込む

国連は達成できなかった「ミレニアム開発目標」（ＭＤＧｓ）に代わり、新たな目標として「持続可能な開発目標」(ＳＤＧｓ：Sustainable Development Goals)を定めた。目標には、飢餓をゼロに、健康の確保と福祉の促進、ジェンダーの平等など17の目標(ゴール)が定められ(52ページ参照)、その下に詳細な達成内容が示されている。２０３０年までにあらゆる形態の貧困を終わらせるという、より高い目標も掲げられた。その達成には、後発開発途上国がこうした課題の解決につながる経済成長を遂げられるかどうかがカギとされる。

持続可能な開発目標の多くは、貿易や投資と直接・間接にかかわる。たとえば目標３の健康的な生活の確保や福祉の促進では、「安全で効果的かつ質が高く安価な必須医薬品とワクチンへのアクセス」が謳われている。だが、医薬品の特許権が貿易協定によって保護強化され、安価なジェネリック医薬品が入手困難になれば、目標達成の障害となる。

目標12の持続可能な生産消費の確保については、自由貿易の加速によって関税が撤廃されれば、途上国の小農民は他国から輸入される安価な農産物との競争を余儀なくされる。目標13の気候変動対策も、いままで以上に貿易や投資が促進され、大規模開発やモノの移動が増えれば、焼け石に水だ。

これらの目標を達成するためには、貿易や投資のあり方を変えていかなければならない。それを抜きにした議論や取り組みは、対処療法的には効果があったとしても、本当の意味での持続可能な社会づくりにはならない。

しかし、残念ながら持続可能な開発目標において、貿易や投資を根本から変え、大企業への規制を国際的に強化するという視点は、弱いと言わざるを得ない。たとえば「持続可能な開発のための2030アジェンダ」本文には、次のような記述がある。

「68 国際貿易は、包摂的な経済成長や貧困削減のための牽引車であり、持続可能な開発の促進に貢献する。我々は、世界貿易機関（WTO）の下、普遍的でルールに基づいた、開かれて、透明性があり予測可能性がある公平・無差別で包摂的な多角的貿易体制の促進及び意義のある貿易の自由化に向けた努力を続ける。我々は、すべての世界貿易機関（WTO）加盟国に対し、ドーハ・ラウンド交渉を迅速に終結するための努力を以前にも増して取り組むことを求める。我々は、開発途上国、とりわけアフリカ諸国、後発開発途上国、内陸開発途上国、小島嶼開発途上国、中所得国に対し、地域経済の統合と相互接続性の促進を含む貿易関連の能力構築を促進するための支援の重要性を強調する」(16)

国際貿易を推進すれば、途上国に輸出の増大という結果をもたらす面はあるかもしれないが、それは従来のモノの貿易という枠組み内での議論にすぎない。本章で指摘してきたとおり、知的所有権の強化やISDSの導入などグローバルなルールの強制によって被る不利益が、多くの人びとの生存への脅威となっている点は考慮されていない。

日本政府は持続可能な開発目標を推進し、ODA拠出大国でもある。そして、持続可能な開発目標を推進するなかで2015年9月、「平和と健康のための基本方針」で、目標3に掲げられた「ユニバーサル・ヘルス・カバレッジ」（UHC）に取り組むことを発表した。

ユニバーサル・ヘルス・カバレッジは「すべての人が、適切な健康増進、予防、治療、機能回復に関するサービスを、支払い可能な費用で受けられる」ことを意味し、すべての人が経済的な困難を伴わずに保健医療サービスを享受することを目指す。これに基づいて、国際協力機構(JICA)などが日本の経験や技術を踏まえ、貧困層を含むすべての人びとが基本的なサービスにアクセスできるよう、各途上国においてユニバーサル・ヘルス・カバレッジを推進しているという[17]。その一方で、RCEPで日本と韓国が医薬品の特許保護強化を求めているとしたら、途上国にとっては打撃となり、大きな矛盾である。

また、国連の「医薬品アクセスに関するハイレベル・パネル」は2016年9月15日、医療分野のイノベーションの推進と普及に関する報告書を公表した。報告書では、治療法が確立されていない医療ニーズに対して、課題の解決につながる医薬品・ワクチン・診断ツールなどを開発できていない現状を詳述し、そのうえで必要とするすべての人にとって入手可能な医療技術の開発のための勧告を行っている。

もともとこのハイレベル・パネルは、2015年秋に国連事務総長が任命した組織である。TRIPS協定やTPPに代表される貿易協定、投資協定が形成するグローバルな経済体制と人権との矛盾を指摘し、人権を基本にした国際貿易体制を構築すべきとの考えが示されていた。今回の報告書も、過度な医薬品特許の保護や知的財産強化が人びとへの医薬品アクセスを妨げると、これまで以上に踏み込んだ指摘をしている。

国境なき医師団はじめ世界の医療問題にかかわるNGOはもちろん、TPPやTTIPなどの貿易協定を批判するNGOや市民団体はこの報告書を、医薬品アクセスと貿易問題に切り込んだ「画期的な」ものとして高く評価した。一方でグローバル製薬企業はこれを酷評し、国際製薬団体連合会（IFPMA）はただちに反論の声明を発表。企業の持つ特許保護の正当性を主張した。

「取り組むべき主要な課題は健康分野への資金供給、健康分野のインフラストラクチャー改善、医療従事者の能力および患者のリテラシーの向上です。ハイレベル・パネルによる勧告の大部分は、これらの複雑さと、医療アクセスを前進させるため過去20年間に行われてきた既存の革新的活動の多くに対する認識を欠いています(18)」

また、武田薬品工業グローバルIP（知的所有権）ヘッドの奥村洋一氏は、論文「医薬品業界における世界の重要課題―2015年度版」で、この国連ハイレベル・パネルの提言が医薬品開発メーカーへの脅威であることを実に率直に記載している。

「2015年に国連事務総長のパン・ギムン氏により招集されたハイレベルパネル（HLP：High Level Panel）は医薬品アクセスを議論し、この問題を解決するために実行可能な提案を国連総会に提案するという事態が出来した。貧困国の患者に医薬品を届けるための議論自体は非常に重要であるが、このHLPの議論の主体はどうやら医薬品に関して知財制度を無力化することである可能性が高い。ロビー活動を積極的に行い、知財制度が医薬品産業界から排除されないようにしないと、将来新薬が開発されない可能性が出てくる」

国際市民社会の人びとの多くは、製薬企業が持つ特許権をすべてなくせと訴えているのではない。新薬開発には投資や研究費が必要であり、その費用を回収するために適切な価格や特許を用いることを否定しているわけでもない。その意味で、奥村氏は国際市民社会や国連の動きに対し「過剰な恐怖感」を抱いているように思える。

いま問われているのは、企業や投資活動の行き過ぎた利潤追求に対して、人権や環境、持続可能な開発という視点からどのような規制が必要か、どのようにそれらを調和させるべきかである。言い換えれば、貿易や投資に、いかにして貧困削減や格差の是正、環境や人権、ジェンダー平等などの価値を埋め込むか、ということである。日本でも、ＳＤＧｓの達成に向け多くの開発ＮＧＯが努力をしている。この取り組みと貿易への監視と提言をうまくリンクさせていくことこそが重要だ。

メガ経済連携協定は、ＴＰＰもＴＴＩＰも、ＲＣＥＰもＣＥＴＡも、すべてこの半年で停滞あるいは頓挫に近い状態となった。それは、人びとの意思を顕著に表している。利潤追求や経済発展だけが優先される社会、その成果が一部の富裕層にのみ還元される社会に対して、多くの人びとが「もうたくさんだ」と言っているのだ。

経済のための人間の営みではなく、人間のための経済を取り戻すための新たな貿易・投資のルールが、すべての国にとって必要である。それを実現できるかどうかは、市民社会の政策提言に基づく、国際社会・各国の政治的意思にかかっている。

（1）East Asia Business Council（EABC）は、ASEAN＋3（日本、中国、韓国）の政府による「東アジア研究会」の勧告を受けて2004年、マレーシアのクアラルンプールを拠点に発足。地域内の経済協力を深め、貿易や投資の促進によって経済成長を目指す民間企業や投資家、各国政府、閣僚などが参加する。

（2）http://www.asiantradecentre.org/talkingtrade/2016/4/27/advice-to-rcep-officials

（3）正式名称は「The Asian Trade Centre（ATC）」。アジア太平洋地域の産業界や政府と協力し、貿易交渉への提言を行うシンクタンク。http://www.asiantradecentre.org/

（4）たとえば「電子商取引」分野の提言は、以下のリンクで読むことができる。http://static1.squarespace.com/static/5393d501e4b0643446abd228/t/575a654c86db438e86009fa1/1465541967821/RCEP+E-commerce+June+2016.pdf

（5）http://www.asiantradecentre.org/talkingtrade/2016/4/27/advice-to-rcep-officials

（6）知的財産権全般（著作権および関連する権利、商標、地理的表示、意匠、特許、集積回路配置、非開示情報）を保護する協定。WTOの付属書として1995年に発効。途上国にとっては、たとえば安価なジェネリック医薬品製造を阻む大企業の特許権の保護強化となり、国際的にも大きな批判を浴びた。

（7）ドキュメンタリー映画『Fire in the Blood』（2013年、インド）におけるインタビュー。

（8）http://www.msf.or.jp/news/detail/pressrelease_3057.html

(9) 1940年代から60年代にかけて世界各地で行われた、高収量品種の導入や化学肥料と農薬の大量投入などによる穀物の生産性の向上と大量増産の取り組み。一方で化学肥料や農薬なしに農業が維持できなくなり、その後の農業のあり方に大きな弊害をもたらした。

(10) The Asia and Pacific Seed Association (APSA) は、アジア太平洋地域における高品質種子の生産と取引の促進を目的として、国際連合食糧農業機関(FAO)によって1994年に設立された組織。各国の種子協会や民間種苗会社、行政機関などで構成される。

(11) 占める割合が大きい順に、モンサント(アメリカ)、デュポン・パイオニア(アメリカ)、シンジェンタ(スイス)、ヴィルモラン(フランス)、ウィンフィールド(アメリカ)、KWS(ドイツ)、バイエル(ドイツ)。

(12) 「第三世界ネットワーク(TWN)」や「トランス・ナショナル・インスティテュート(TNI)」などの国際団体をはじめ、「国際公務労連(PSI)アジア太平洋」「女性、法律、開発のためのアジア太平洋フォーラム(APWLD)」などの地域組織、そして各国の保健医療、環境、人権団体などが名を連ねた。日本では、アジア太平洋資料センター(PARC)が参加。

(13) 国連人権理事会が必要に応じて任命する。専門家は独立の立場で、特定の国における人権状況や世界の人権侵害について調査・監視を行い、結果を公表する。2013年時点で36のテーマ別、13の国別の任務がある。

(14) http://www.ohchr.org/EN/NewsEvents/Pages/DisplayNews.aspx?NewsID=16031

(15) 2000年9月にニューヨークで開催された国連ミレニアムサミットで採択された「国連ミレニアム宣言」をもとにまとめられた。貧困や飢餓をなくすなど、2015年までに達成すべき

８つの目標を掲げ、国際社会が協力して取り組むことが確認された。

（16）「我々の世界を変革する：持続可能な開発のための２０３０アジェンダ」。外務省仮訳　http://www.mofa.go.jp/mofaj/files/000101402.pdf

（17）https://www.jica.go.jp/aboutoda/sdgs/UHC.html

（18）http://www.ifpma.org/resource-centre/biopharmaceutical-industry-calls-the-ecommendations-of-un-high-level-panel-on-access-to-medicines-a-missed-opportunity-to-genuinely-address-patients-needs/

第**4**章

自由貿易で誰が得をし、誰が損をするのか

「経済効果」の真実

ジョモ・K・スンダラム

1 アメリカ政府による経済効果の誇大宣伝

アメリカでは2016年に、TPPによる経済効果が大きな政治的焦点になり、さまざまな試算が行われた。まず重要なのは、TPPの経済効果について実に多くの間違った報道や誤解を招きやすい情報がまかり通っていることである。その一例を挙げてみよう。

2016年1月末、アメリカ通商代表部(USTR)はTPPによる経済効果を公表した(図1)。この数字は、政府寄りのシンクタンクとして有名なピーターソン国際経済研究所の試算に基づいている。その試算によれば、TPPは2030年までにアメリカの国民所得を1310億ドル(約14兆4000億円)増加させるという(TPPが締結されなければ25兆7540億ドル、締結されれば25兆8850億ドル)。実際、図1を見ると、大きな経済成長が見込まれるかのような印象を受ける。

しかし、図1は縦軸の金額の目盛りを恣意的に操作し、TPPによる経済効果を過大に見せる細工がなされていることが、ウォール・ストリート・ジャーナル紙によって指摘された(1)。TPPによって国民所得が1310億ドル増加するというが、図の縦軸に示された2015年時点の国民所得18兆1540億ドルの目盛りの長さと、所得増加1310億ドルの目盛りの長さ

図1　アメリカ通商代表部が公表したTPPによる経済効果

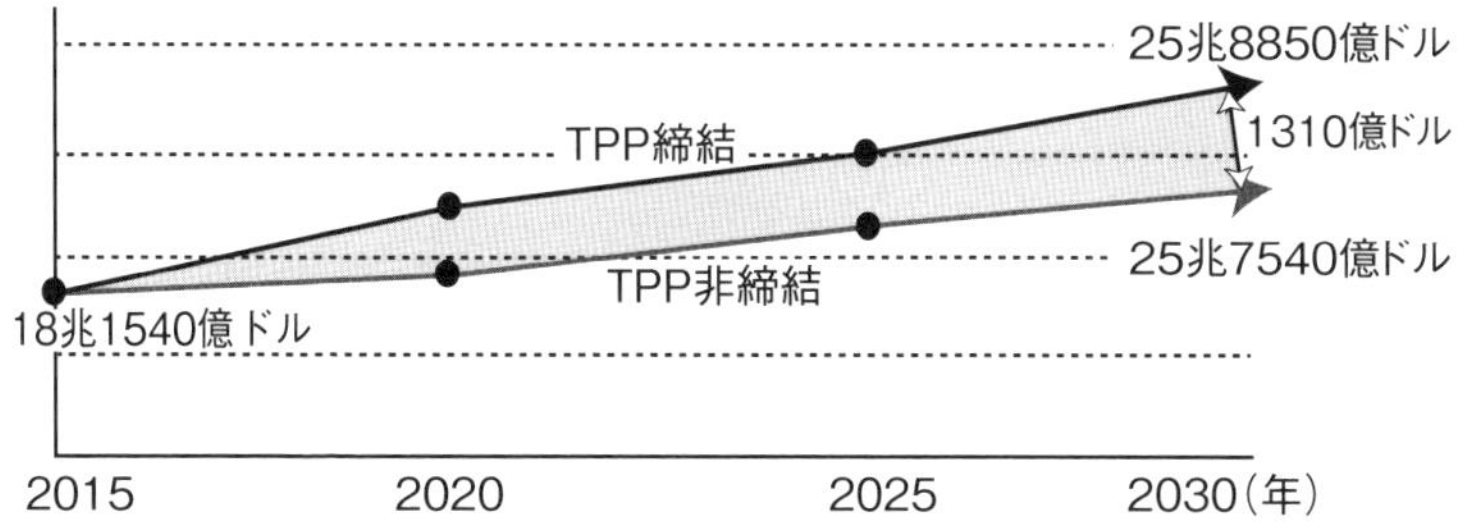

（出典）USTR 公式ツイッター。https://twitter.com/USTradeRep/status/691669383840542720

図2　ウォール・ストリート・ジャーナル紙が発表したTPPの経済効果

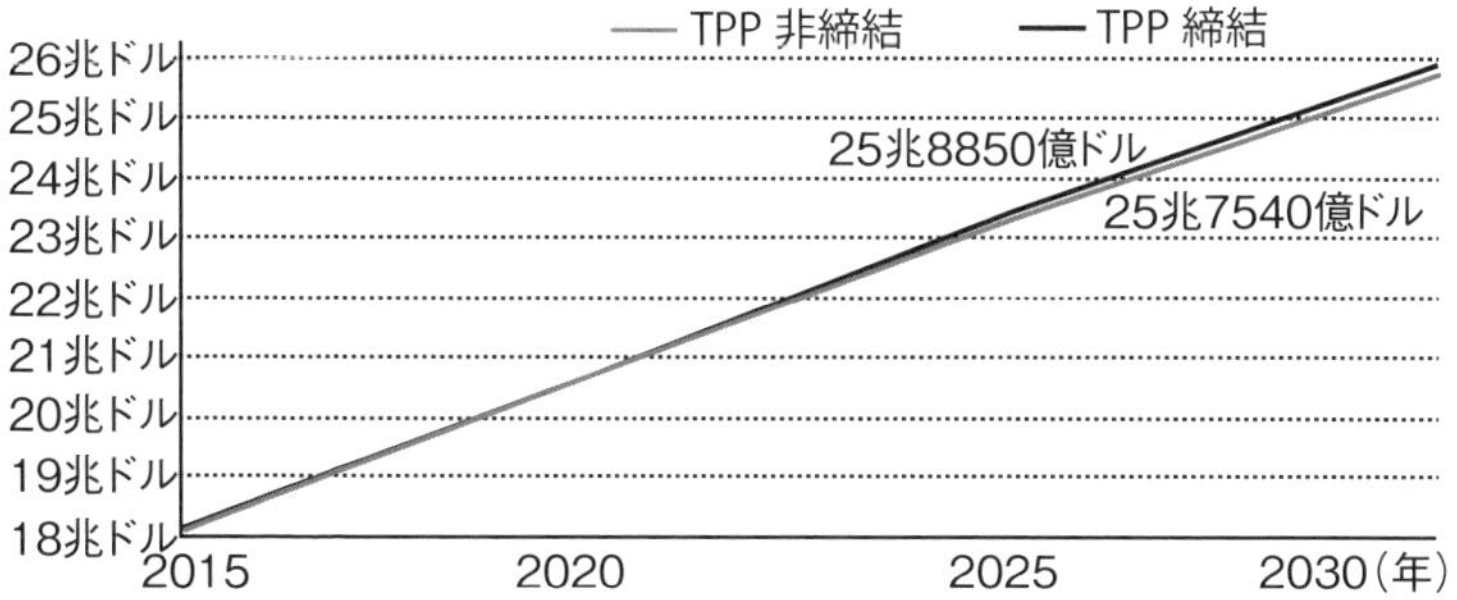

は、ほぼ3対2である。

ウォール・ストリート・ジャーナル紙が正確な目盛りを用いてTPPの経済効果を表した図2を見ると、経済成長はさほど大きくないことが一目瞭然である。アメリカ通商代表部の発表は実態を誇大に示した、TPPを推進するためのプロパガンダにすぎないことが明らかになった。

同様に、アメリカ通商代表部はTPPによって輸出額が3570億ドル増加すると主張している（図3）。この図も縦軸の目盛りの長さが図1と同様に操作されているため、

図3　アメリカ通商代表部が公表したTPPによる輸出増加額

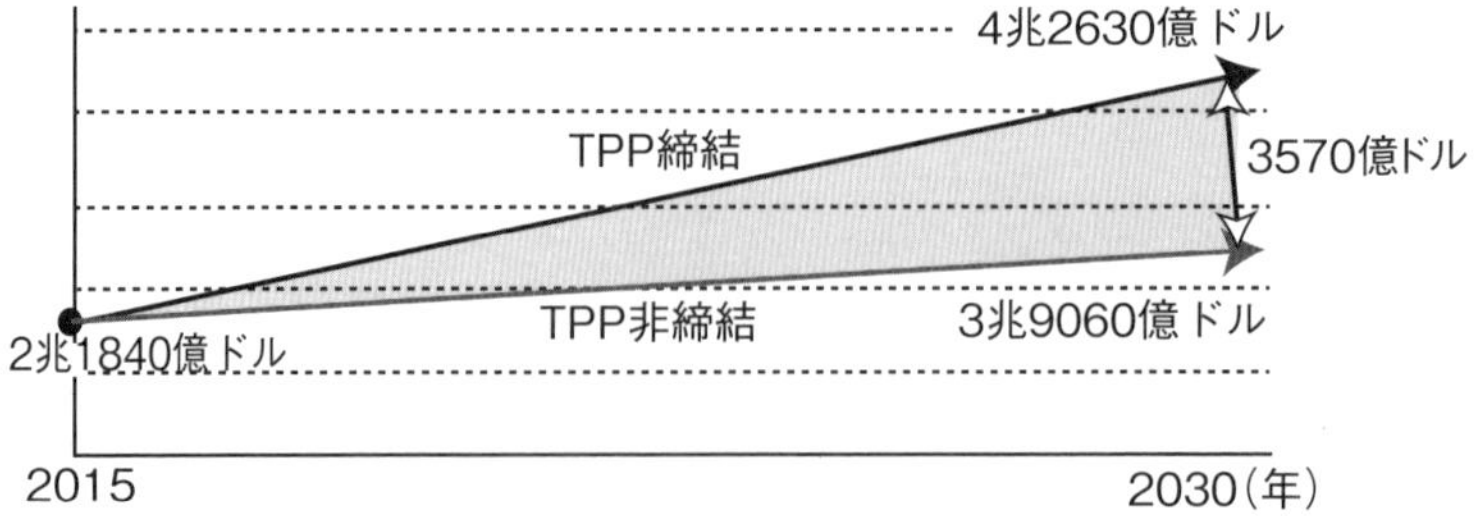

（出典）USTRの公式ツイッター。https://twitter.com/USTradeRep/status/691654295167471616

輸出額が大きく増加するように見えるだけだ。しかも、試算の前提となっている条件をよく見れば、増えた輸出額に匹敵するくらい輸入額も増えている。だから、貿易収支はほとんど変わらない。これもＴＰＰに関する政府の印象操作と言えよう。

❷　貿易による経済効果の真実

既存の分析モデルを疑え

ＴＰＰに限らず、どの貿易協定も、経済効果の試算は難しい。ＴＰＰ協定文は６５００ページにも及び、多岐にわたる分野をカヴァーするため、それらすべてを考慮した試算はさらに困難を極める。ＴＰＰを推進する立場の人びとは経済効果を過大評価し、損失を過小評価してきた。まず、こうした試算の手法を根本的に問うていかなければならない。

アメリカではこれまでＴＰＰについて、応用一般均衡

(CGE：Computable General Equilibrium) モデルを用いた経済効果の予測研究が４つ行われている。他の貿易協定の試算の多くも、このモデルが用いられてきた。しかし、このモデルには重大な欠陥がある。

第一に、経済に関する大きな問題が起こらないという前提のもとで、完全雇用を仮定している。つまり、ＴＰＰの影響で労働者が職を失ったとしても、解雇されたすべての労働者が別の職場ですぐに再雇用されると仮定しているのだ。それは、雇用喪失と雇用の調整費用をないものとする結果、予測される国民所得を膨らませる。

第二に、国民所得の利益配分と賃金が変化しないと仮定し、格差の増大を考慮していない。実際には、過去の貿易協定によって労働分配率は減少傾向にあるが、その経験的事実に基づいていない。

ここからわかるように、このモデルは実際の経済効果をはるかに超える便益が試算される危険をはらんでいる。しかも、コストを過小視あるいは無視し、場合によっては「利益」とすらみなすのだ。したがって、応用一般均衡モデルは、本来マクロ経済分析には不向きである。ところが、簡単に試算ができるため、その弱点を承知しつつ使用される傾向がある。

もう一つ注意しなければならないのが、「ＴＰＰは貿易協定」という思い込みである。私たちはＴＰＰについて、多くの幻想を抱かされてきた。経済学者の誰もが、当初は「ＴＰＰは貿易自由化を目指すものだ」と信じてきた。私もその一人である。しかし、ＴＰＰの本質とは、第一義的に貿易自由化を目指すものではない（121ページ参照）。

貿易による経済効果はごくわずか——ピーターソン国際経済研究所の試算

私たちの暮らしにもっとも大きな影響をもたらすのは、貿易とは直接に関係しない部分である。応用一般均衡モデルを用いて分析を行ったほとんどの経済学者は、貿易自由化によって得られる経済成長は非常に小さいと認めている。ここでは、4つの予測研究のうち代表的なピーターソン国際経済研究所の試算を取り上げよう。

その予測研究によれば、TPPによって顕著な経済成長が見込まれるが、その成長の84％は非貿易措置によるものであり、貿易措置による経済効果は16％にすぎない。世界貿易機関（WTO）の交渉や二国間貿易協定（FTA）などを通じて、すでに市場の自由化は進んでいる。だから、TPP参加国のうちベトナムを除けば、多くの国でさらなる関税撤廃などの自由化によって実現される経済成長はごくわずかである。

アメリカ農務省経済調査局（USDA-ERS）が2014年に行った分析でも、貿易自由化によって得られる経済成長率は2014～24年の10年間でわずか0・1％、年平均で0・01％ときわめて小さい。アメリカ政府による別の試算でも、2017～32年の15年間の貿易自由化による経済成長率は0・16％とされている。多くの分析や試算で一貫して、貿易自由化による成長は微々たるものであるという結論が導かれているのだ。

また、ピーターソン国際経済研究所は、非貿易措置による経済成長は、対外投資の劇的な増加によって達成されると見込んでいる。つまり、国内産業ではなく、海外投資によって国外で経済成長が起こり、その投資が戻ってくるにすぎない。

さらに、知的所有権の強化によって経済成長につながるとも試算している。だが、これも丁寧に見る必要がある。たとえば、知的所有権の強化は、ジェネリック医薬品を締め出し、薬価の高騰につながる。それによって経済成長が見込まれているわけだ。しかし、薬の質が良くなるわけではないし、高価な薬を飲んだから健康になるわけでもない。まったく同じ薬なのに価格だけが上がり、より多くのカネが動くから、経済成長するというだけである。

関連して一つの例を紹介しよう。アメリカでは2015年に12・5ドルで売られていたある薬の権利が買い取られたために、突然750ドルになった。薬自体はまったく変わらず、価格だけが60倍に上昇したのだ。国民は怒りに打ち震えたが、司法長官ですらこの薬価高騰に違法性を見出すことはできなかった。

もちろん、これはアメリカの法律の不備による結果だが、TPPにはこうした事態を防ぐための規制手段は含まれていない。しかも、政府が国民の医療費を負担している場合、医薬品の価格上昇は政府にとって「費用(コスト)増」である。ところが、試算では「便益(ベネフィット)増」と計上されている。コストが便益にすり替わっているのだ。誰にとっての利益が増すのか、注視しなければならない。

繰り返すが、ピーターソン国際経済研究所が用いた方法論には欠陥がある。その結果、成長と収入は誇張され、労働者や消費者、政府のコストは控えめに計算されるか、無視されるか、場合によっては「利益」として表現される。2016年1月にアップデートされた同研究所の以下の試算に対して、経済学者たちは「さらなるミスリードがある」と次のように指摘している。

①TPPによってアメリカの国民所得は2030年に0・5％増加する

これは2011年に出した0・4％という数字から上昇している。その主な理由は、分析期間を10年から15年に延長したためである。それでも、15年間で0・5％、つまり1年間で0・03％の成長率は非常に低い。

②輸出額が9・1％増加する。

応用一般均衡モデルは固定された貿易収支を仮定しているため、過去の貿易協定で一般的な結果である貿易赤字の増加を考慮していない。

③失業したすべての労働者は、何の費用もかけずに、ただちに他セクターに吸収される

新たな試算では、「製造業における雇用は緩やかに増加する」としている。なぜなら、TPPによって毎年5万3700人の雇用が失われていくが、これを労働市場で通常起こる「転職」の影響の範囲内とみなしているからである。つまり、現実にかかる労働者や政府のコストをほとんど考慮していないのだ。

貿易の損益分析を読み解くにあたっては、細部を見る必要がある。すると、前提がおかしかったり、断片的な情報であったりすることに気づくはずだ。

ＴＰＰに参加しているほとんどすべての国々の政府が、すでに何らかの費用・便益分析を行い、大きな利益が得られると主張している。それがいかに人びとを誤解させるように仕向けているか、いかに当てにならないかを真剣に疑ってみなければならない。正確に検証していけば、ＴＰＰが貿易自由化の問題ではなく、知的財産などの独占権の行使にかかわる問題であることがすぐにわかるだろう。

アメリカと日本はマイナス成長――タフツ大学による現実的な試算

タフツ大学世界開発・環境研究所（ＧＤＡＥ）は、ＴＰＰの影響についてより現実的に予測するために、独自の影響試算を行った。私も共同研究者の一人である。ここでは国連のグローバル政策モデル（ＧＰＭ）を採用した。応用一般均衡モデルとは異なり、経済調整と所得分配についてより現実的な仮定を取り入れたモデルである。応用一般均衡モデルなどを用いた試算が用いる「仮定」の問題点を拾い上げ、それを見直して試算している。この試算では、以下の四つの「仮定」を排除した。

第一に、貿易収支が不変であるという仮定。多くのモデルは、貿易赤字の増加を考慮せず、経済成長の部分だけを見ようとしてきた。これはまったく現実的ではない。

第二に、財政収支が不変であるという仮定。たとえば関税収入が減れば収入自体が減少するから、財政収支が一定であることもあり得ない。

第三に、完全雇用という仮定。応用一般均衡モデルは完全雇用を仮定しているが、現実的ではない。

第四に、所得分配が不変であるという仮定。経済成長は均等には起きないため、やはり現実的とは言えない。

これら四つの仮定を排除し、「変動するもの」として試算を行った。比較を容易にするため、ピーターソン国際経済研究所によるTPPの輸出への影響の推定値を使用。貿易額の増加を試算するにあたっては、マクロ経済モデルを適用した。

その結果はピーターソン国際経済研究所の試算と大きく異なり、アメリカと日本は経済成長がマイナスとなったのである。他の国でも、同研究所と同様に、ささやかな成長しか見込まれなかった(表1)。

2015～25年の10年間の主な結果は以下のとおりである。

①TPPによって、アメリカと日本のGDP(国内総生産)はマイナス成長となる。両国のGDPは、TPPが締結されなかった場合と比べて、それぞれ0・54%、0・12%減少する。

②他のTPP参加国の経済成長も、取るにならないレベルである。先進国のGDP増加率はマイナス0・34%、途上国は2・03%だ。もっとも高いチリとペルーでは2・84%だが、1年

表１　ＴＰＰの影響についての現実的な試算

	GDP（%）	雇用（人）	対 GDP 労働分配率（%）
先進国	**-0.34**	**-625,000**	
アメリカ	-0.54	-448,000	-1.31
カナダ	0.28	-58,000	-0.86
日本	-0.12	-74,000	-2.32
オーストラリア	0.87	-39,000	-0.72
ニュージーランド	0.77	-6,000	-1.45
途上国	**2.03**	**-147,000**	
東南アジア（ブルネイ、マレーシア、シンガポール、ベトナム）	2.18	-55,000	-0.99
チリ、ペルー	2.84	-14,000	-0.70
メキシコ	0.98	-78,000	-1.14
合　計		-771,000	

（注）「TPP が締結されなかった場合」の予測を基準にした 2015 ～ 25 年の変化である。
（出典）Trading Down:Unemployment, Inequality and Other Risks of the Trans-Pacific Partnership Agreement. http://www.ase.tufts.edu/gdae/policy_research/TPP_simulations.html

間で見ればわずか０・28％である。
③ＴＰＰによって、参加国全体で約77万人の雇用が失われる。とくにアメリカが深刻で、約45万人の雇用が失われる。
④労働者が賃金として受け取る労働分配率の対ＧＤＰ比が減少し、不平等がより拡大すると予測される。アメリカではマイナス１・31％となり、しかも減少傾向が継続する。労働者の購買力低下は総需要を減らし、成長を遅らせる。
これらは、私たちがＴＰＰにとって不利な予測を入力した結果ではない。ピーターソン国際経済研究所の数値を採用したうえで、同研究所が仮定していたマクロ経済効果を正確

に分析した結果である。

この試算は、ＴＰＰが経済成長や労働者の所得、雇用と不平等についてもたらす影響についての楽観的な予測を疑うに値する根拠を示している。すべての国、とくにアメリカへの悪影響は明らかだ。ＴＰＰ参加国は、今後もこれらの結果を慎重に考えるべきである。

3 日本とマレーシアの試算

２０１６年2月にワシントンでこの予測結果を発表したところ、さまざまな反応があった。その中心は、アメリカの経済成長がマイナスになり雇用が失われるという結果についてである。日本については、次のようなコメントがあった。

「日本の関心は生産の拡大ではなく、国民生活の質の向上だから、マイナス成長は問題ないだろう」

「日本は労働人口が減少しているのだから、雇用が減っても問題ではないだろう」

貿易自由化の影響を専門とする経済学者にとって、ＴＰＰが雇用を減らし、労働者の賃金を一定程度引き下げるというのは当たり前の結果だ。なかでも、労働コストが高い先進国で、自由貿易協定が雇用を破壊し、格差を助長するのは自明の理である。これは、ベトナムを除く、ほぼすべてのＴＰＰ参加国にあてはまる。

私は２０１６年５月に来日し、国会議員や政府関係者、ＮＧＯメンバー、市民に対して、私たちが行った試算を報告する機会を得た。その際に驚いたのは、日本政府のＴＰＰの経済効果を示す試算があまりに楽観的だったことである。日本政府の試算では、ＴＰＰによってＧＤＰが13・6兆円、約２・６％増加し（図４）、約80万人の雇用が創出されるという。いったいどの

図４　日本政府によるTPPがGDPに及ぼす影響の試算

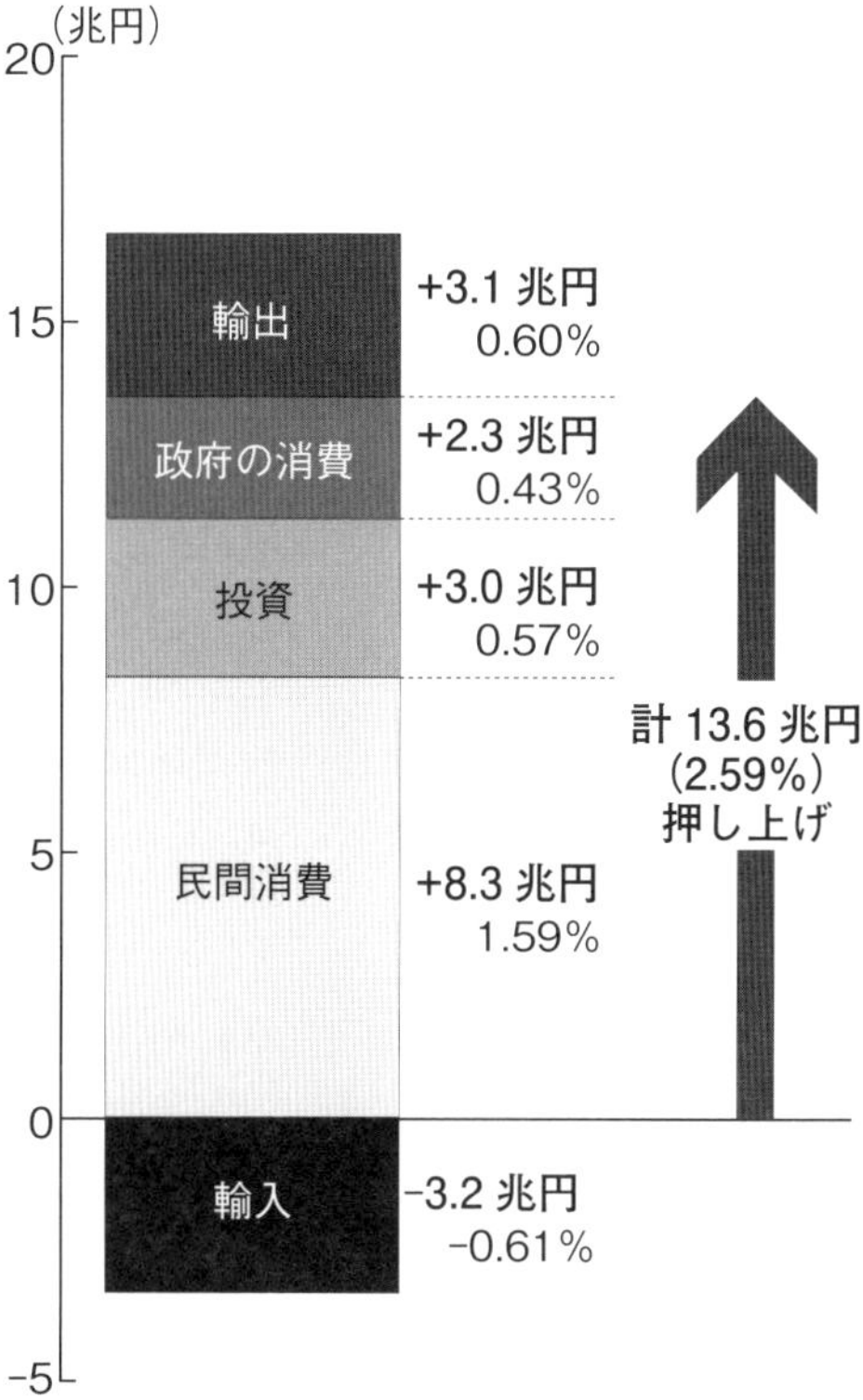

（注１）％は2014年度の実質GDP 524.7兆円に対する割合。合計が一致しないのは四捨五入のため。
（注２）政府消費とは、公務員の給料や物品・サービスの購入などである。
（出典）内閣官房TPP政府対策本部「TPP協定の経済効果分析について」。

ようにしたら、この数字が導き出せるのだろうか。

政府担当者と意見交換を行った際、どのセクターで雇用が増えるのかと尋ねると、こんな回答が返ってきた。

「どの分野で雇用が増えるかを特定できる試算はない」

各国政府は往々にして、貿易協定を推進するために、非現実的な仮定に基づく恣意的な試算結果を国民に提示することがある。たとえば、マレーシアでの試算を見てみよう。

マレーシア政府はＴＰＰの効果と費用に関する分析を行うために、大手会計事務所のプライスウォーターハウスクーパース（ＰｗＣ）と政府系シンクタンクのマレーシア戦略国際問題研究所（ＩＳＩＳ）に調査を依頼。その結果を２０１５年12月３日に発表した。(2) 両調査機関ともに、ＴＰＰで経済効果があるという。最大の受益セクターは繊維産業とされている。これは本当だろうか。

マレーシアでは、繊維・衣料品産業で働く労働者数は１９８０年ごろには20万人を超えていたが、現在は１万５０００人以下である。そのほとんどは女性だ。この減少傾向は、１９７０年代の韓国や50年代の日本と同様な状況だろう。

ところが、プライスウォーターハウスクーパースの試算によれば、「ＴＰＰでマレーシアでの繊維製品の生産は増加し、大きな成長増が見込まれる」という。これはいったい、どのようにして導き出された予測なのだろうか？　現実には、国内の賃金を引き下げないかぎり、マレーシア産の衣料品はより安価なベトナム産やバングラデシュ産と競争できない。

さらに詳しく見ていくと、この試算がＴＰＰの原産地ルールを無視していることがわかる。原産地ルールでは、衣料品の関税がＴＰＰ参加国の域内で免除されるためには、参加国内で生産された原材料を用いなければならない。しかし、マレーシアの繊維産業は、韓国や中国、台湾、インドネシアなどのＴＰＰ非参加国からの原料輸入が圧倒的に多い。だから、原産地ルールは適用されず、マレーシアはＴＰＰのメリットを受けられない。こうした現実を見れば、吹聴されている経済効果は明らかに疑わしい。

4　誰のためのルールなのか

ＴＰＰの交渉中、アメリカでは７００名以上のロビイストが「貿易アドバイザー」という政府の制度を使って交渉に関与してきた。そのうち６０５名は企業関係者であり、その他はたとえば酪農や食肉産業などの業界団体関係者である。こうしたアドバイザーがロビイングを行った末に、ＴＰＰはつくられた。

そもそも６５００ページものＴＰＰ協定文を交渉官たちが書けたのは、ロビイストたちが下書きをしたからだ。それに交渉官が多少の手を加え、交渉テーブルに持っていった。これは一般市民への情報の非公開と比べて、きわめて対称的な仕組みである。もちろん、すべての国で企業関係者が交渉内容に強い影響を与えてきたわけではない。TPP参加国で二番目の経済規模を持つ日本の企業関係者も、ここまでの関与はしていないだろう。

近年のほとんどの貿易協定は、貿易以外の条項を多く含んでいる。TPPで導入されるルールのひとつが、金融規制の緩和である。金融自由化は非常に大きな影響を及ぼす。1997〜98年のアジア金融(通貨)危機の際に何が起こったのか。2008年にアメリカで起きた金融危機(リーマン・ショック)以降、何が起こったのか。私たちは経験的に知っている。(3) にもかかわらず、私たちは無制限の金融自由化の失敗という教訓から、何も学んでいないように見える。

また、知的財産権の強化もTPPで目指されているルールである。前述のとおり医薬品の特許権保護の強化は、ジェネリック医薬品の製造を制限し、私たちに多大なコストを要求する。患者にとってコスト増であると同時に、政府にとっても国民の医療費負担が増加する。コストの増加は、普通の人びとが医療を受けにくくなることを意味する。医療が受けにくくなれば、健康が脅かされる。

さらに、投資家対国家の紛争解決制度(ISDS)も深刻な問題である。その詳細は他章で述べられているので、ここでは誰が得をするのかについて賠償金を例に見ていきたい。

ISDSで政府が企業や投資家に支払った賠償金の配分率を図5に示した。最大は巨大企業で、賠償金総額の73%を得ている。次に多いのが富裕層個人で12%。この両者を合計すると85

図５　外国投資家への賠償金の配分率

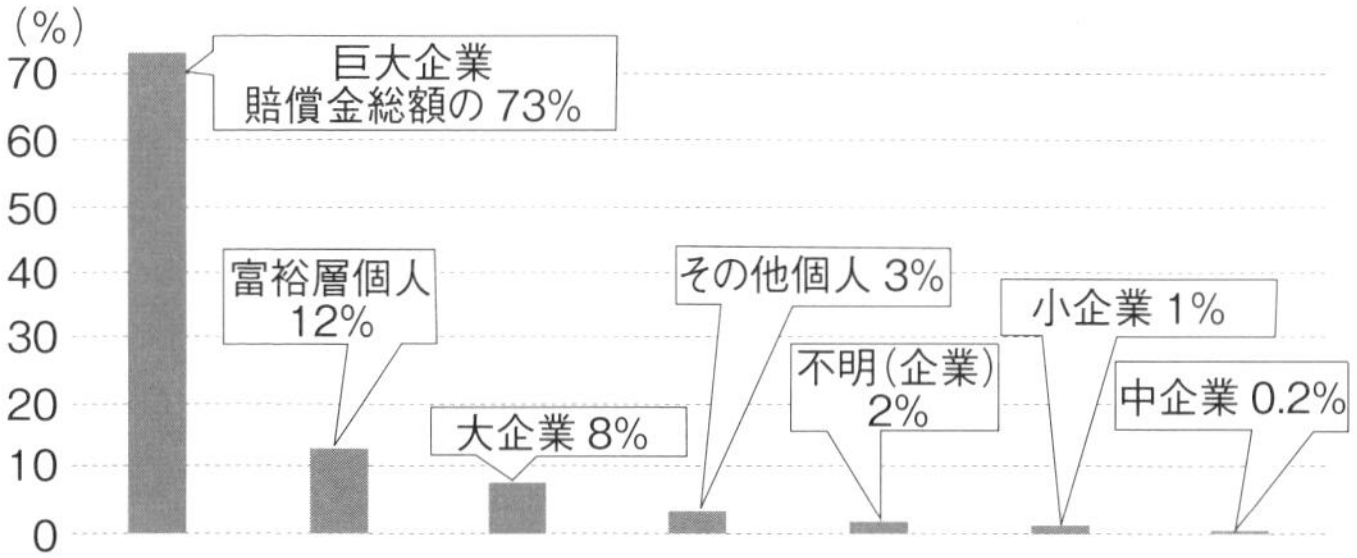

（出典）ヴァン・ハート教授（カナダ、ヨーク大学）作成の図を改変。

%にも及ぶ。つまり、訴えられた各国政府は、大企業や富裕層に国民の税金を賠償金として支払っているのだ。仮に政府が勝ったとしても、巨額な仲裁費用を支払わなければならない。

ＩＳＤＳのもとでは、各国の司法制度とは異なる国際的な仲裁廷で判断が下される。その仲裁廷で仲裁人を務められる法律家は世界中で２００人未満と言われ、ほとんどが欧米出身者である。彼らが相手国の国民全体に影響を与える多くの裁定を下している。ごく狭い範囲の同業者が、各国の命運を決定してしまう制度なのだ。しかも、企業が政府を訴えることはできるが、政府が外国企業を訴えることは認められていない。

現在、アメリカとＥＵの間で行われているＴＴＩＰ（環大西洋貿易・投資パートナーシップ協定）交渉では、ＥＵがアメリカに対して強く抵抗している。とりわけ、ＩＳＤＳに対する批判が大きい。ＥＵには、ＴＴＩＰのような貿易協定でアメリカが自分たちの司法制度を尊重しないのは非常に無礼であるという思いが強いからだ。一方、アジア太平洋地域はどうだろうか。いくつかの国でISDSに対する批判が起きているが（99・100ページ参照）、ヨーロッパほど強くない。アジアの人びとは、外国人投資家が思い通りふるまうことをむしろ歓迎しているようにも思える。

貿易交渉における紛争解決の制度がどのようにつくられ、変えられてきたかを表す例を挙げてみよう。アメリカは2016年6月、韓国人の法律家・張勝和《チャンスンファ》氏がWTOの紛争解決機関の上級委員として再選されることに強く反対した。なぜか？　それは、張氏が過去の事案の裁定で、アメリカに反対票を投じたことがあるからだ。アメリカの猛反対により、張氏の再任は不可能となった。通常、再任は当たり前である。この異例の結果に、上級委員や元上級委員が抗議声明を出すまでに至った。

WTOの紛争解決制度は、アメリカが主導してつくられた。にもかかわらず、自らが望む裁定が下されなかったという理由で、いまやその制度を破壊しようとしている。カネで買える司法制度、力で変えられる紛争解決制度の典型だ。

TPPの協定文には曖昧な部分が多い。それは、訴訟が起きる可能性が高いことを意味する。私たちが誰かに危害を加えられたら、司法は危害を加えた側を処罰する。ところが、ISDSでは危害を加えた側に賠償金を支払わなければならない。これは、正義とはどうあるべきか、公正さとは何なのかを、根底から覆す仕組みである。私たちはそのような世界に足を踏み入れようとしている。これが「21世紀型の貿易協定」の本質的な特徴である。

ＴＰＰは自由貿易協定では決してない。管理された貿易協定である。それは、強大な企業利益のための、企業による管理である。ＴＰＰはこれまで進められてきたＷＴＯの多国間貿易システムを根源から否定し、各国の農業や食料安全保障を崩していく。各国の貿易による利益はごくわずかな一方で、大企業のためのルールの書き換えによって、重大な長期的影響が人びとに生じる。

ジョセフ・Ｅ・スティグリッツやポール・クルーグマン、ジェフリー・サックスなどの自由貿易を推進してきた経済学者も、一部の企業に管理されたＴＰＰやＴＴＩＰなどを厳しく批判している。ＴＰＰが「自由」あるいは「より自由な」貿易のためでは決してないからだ。それは、すべての人びとが敗者となり、大企業だけが勝者となる最悪の貿易協定である。

＊本稿は、ジョモ氏が２０１６年5月に来日した際の講演録や配布資料などに基づき内田聖子が作成した。

（1）http://jp.wsj.com/articles/SB10519349150193173538704581501632586834802　同紙は国際的な影響力を持つと言われている(作成者注)。
（2）https://www.jetro.go.jp/biznews/2016/02/80ebbd551a833878.html
（3）金融・資本の自由化や規制緩和が進むなかで、アジア通貨危機はアメリカのヘッジファンドを主とした機関投資家による通貨の空売りによって誘発され、東アジアと東南アジアの経済に大きな打撃を与えた。アジア諸国では外国からの資本導入にあたり、ＩＭＦが推進してきた資本移動の自由化のもとで、比較的短期のファンドを導入していたことも、問題の拡大につながったと指摘されている。また、リーマン・ショックは、強力な金融緩和によって高リスクの借り手に金融機関が過剰に貸し付けた住宅バブルの崩壊が、基本的な原因であるとされている（作成者注）。

第5章

多国籍企業をどのように規制するか

パナマ文書とグローバル・タックス

上村雄彦

1 危機的な地球環境とグローバル格差社会

地球環境問題が深刻であると1990年ごろから言われ続けてきたが、いよいよ危機的な状況を迎えている。たとえば森林は、1秒間にテニスコート20面分、サッカーコート1面分の速さで破壊されている。テニスコートで考えると、1分間で1200面分、1時間で7万2000面分、1日で172万8000面分に相当する。

森林がなくなれば、貯蔵されていたCO_2(二酸化炭素)が大気中に放出され、気候変動が大幅に加速される。そして、最終的に、陸上の生命そのものが死滅に追いやられるのである。気候変動では実際に、強さを増す台風や頻発するゲリラ豪雨、以前は珍しかった竜巻の発生など、その影響が身近なところで感じられるのではなかろうか。

これまで温度上昇を抑えるために、各国はその原因であるCO_2を何%削減するかの議論と交渉を重ねてきた。ところが、それではとても間に合わないことが判明し、2015年末にパリで開催された国連気候変動枠組条約第21回締約国会議では、今世紀後半にCO_2の排出をゼロにすることが決まった(パリ協定の成立、2016年11月に発効)。それは、100%削減を意味する。加えて、すでに空気中に放出されたCO_2を吸収して地中に保存するなどの対策を講じなければならないことも明示された。結果として、私たちは120％のCO_2を削減する必要に迫られている。

なぜこれほどまでにCO_2を削減しなければならないのかというと、産業革命以前と比べて、地球の平均気温が2度上がると人類は生存できないというのが科学者のコンセンサスだからである。2度以内に抑えるためには、主な温室効果ガスであるCO_2の排出量をゼロにするしかないというわけだ。にもかかわらず、削減が進まず、現状で推移すると2度を超えることがわかっている。

では、いつごろ2度を超えるのか？　その答えは2028年。11年後と試算されている。読者の多くは、2度を超えるとどうなるかを、好むと好まざるとにかかわらず体験するかもしれない。

次に、格差と貧困について考察してみよう。現在、世界で6秒間にひとりの子どもが飢餓や栄養失調が原因で死んでいる。1時間で600人、1日で1万4400人、1年で525万6000人。途上国全体で見れば、約8億人が飢餓や貧困、栄養失調で苦しんでいる。

他方、ニューヨーク・マンハッタンのウォールストリートやロンドンのシティ（金融街）などで稼ぐ、ヘッジ・ファンド（機関投資家や富裕層から私的に集めた資金を運用する投機的なファンド）や債券のマネージャーのような金融のプロたちのトップ20人の平均年収は、660億円（1ドル＝110円で計算。以下同様）だ（Kapoor 2007：1）。そうした人びとの全体像を見ると、たった0・14％の金持ちが世界の金融資産の81・3％を所有し（Tax Justice Network 2012：5）、もっとも裕福な62人が世界の下位36億人の資産と同じだけの富を持っている（Oxfam 2016：2-3）。私たちはこれほどまでの格差社会に生きているのだ。

テロや紛争も国際社会の冷厳な現実を如実に表している。第一次世界大戦で約2000万人、第二次世界大戦で約5000万人の死者が出た。その後は世界大戦と呼ばれる戦争こそ起こっていないが、戦争・紛争に関連した死者は1億人にのぼる（Menon 2001：2）。

紛争の形態は近年、大きく変わってきている。以前は国と国の戦争が主流だったが、現在では国内の内戦が紛争のほとんどを占める。そこに、とりわけ2001年のアメリカでの9・11同時多発テロ以降、テロが紛争の中心に加わってきた。あの同時多発テロ以前に、「イスラム国」（ＩＳ）[1]の台頭が起こり、ニューヨーク、パリ、ブリュッセルなど先進国の主要都市がテロのターゲットになる[2]など、誰が想像したであろうか。

いったいなぜ、このようなことが起こるのだろうか。これだけ大きな問題だから、原因が一つということはない。それでも、以下の原因を無視して、根本的な解決策は出てこないであろう。それは、多国籍企業、タックス・ヘイブン、マネーゲーム経済、そして「1％のガヴァナンス」である。それらがつながり合って、問題を激化させているのである。

❷ 国を凌駕する多国籍企業

多国籍企業とは、海外拠点を世界各地に設け、グローバルな活動を行う企業を指す。２００１年の時点で、すでに世界資産の25％はわずか３００の多国籍企業で占められ、その売上げは世界貿易の３分の２、世界産出額の３分の１を占めていた（Hertz 2001：38）。

自由貿易と言うと、いかにも国同士の貿易のように思われる。だが、実際には、世界貿易の約60％は多国籍企業内部で生み出されている。ということは、自由貿易で得するのは誰なのかがすぐにわかるだろう。自由貿易の名のもとに、関税が引き下げられ、低コストで取引できる。さらに、規制が弱められるから、場合によっては国が法律で禁止するものでさえも取引できる。まさに、やりたいようにできる「自由」貿易を多国籍企業が推進しているのである。

こうした多国籍企業は、世界各国から余すところなく富を得てきた。世界の金持ちトップ１００（２０１６年、国はＧＤＰ、企業は時価総額）を見ると、１位アメリカ、２位中国、３位日本、４位ドイツ、５位イギリスと国家が続く。一方で、21位にアップル、23位にグーグル、29位にマイクロソフトが入っている。日本の企業は、トヨタ自動車が80位に入るのみである（表１）。21位のアップルはアルゼンチンのＧＤＰより、23位のグーグルはスウェーデン、ベルギー、

順位	国名／企業名	GDP／時価総額 単位：100万米ドル
56	AT & T	234.200
57	フィンランド	229.81
58	ロシュ	222.200
59	P & G	218.900
60	ウォルマート	215.700
61	ロイヤル・ダッチ・シェル	210.000
62	ベライゾン	206.200
63	ファイザー	205.700
64	アンハイザー・ブッシュ・インベブ	204.600
65	ペトロ・チャイナ	203.800
66	ノバルティス	203.800
67	ポルトガル	198.931
68	ICBC	198.000
69	Tencent	197.400
70	ギリシャ	195.212
71	バングラデシュ	195.079
72	ベトナム	193.599
73	コカ・コーラ	192.800
74	シェブロン	192.300
75	ペルー	192.084
76	Visa	189.800
77	カザフスタン	184.361
78	チェコ	181.811
79	ルーマニア	177.954
80	トヨタ自動車	177.000
81	ニュージーランド	173.754
82	ホーム・デポ	169.800

順位	国名／企業名	GDP／時価総額 単位：100万米ドル
83	ウォルト・ディズニー	169.300
84	オラクル	168.900
85	イラク	168.607
86	カタール	166.908
87	アルジェリア	166.839
88	中国建設銀行	162.800
89	サムスン	161.600
90	メルク	157.200
91	バンク・オブ・アメリカ	156.000
92	中国農業銀行	152.700
93	フィリップモリス	150.300
94	インテル	149.300
95	コムキャスト	148.200
96	ペプシコ	147.300
97	ノボ・ノルディスク	144.900
98	中国銀行	143.000
99	IBM	142.700
100	シスコシステムズ	141.700

（出典）World Bank, The World's Biggest Company, Forbes The World's Billionaire（Fortune）に基づき、株式クレアンにて作成。

表1　国のGDPと企業の時価総額ランキング（2016年）

順位	国名／企業名	GDP／時価総額 単位:100万米ドル
1	アメリカ	17,947.00
2	中国	10,866.44
3	日本	4,123.26
4	ドイツ	3,355.77
5	イギリス	2,848.76
6	フランス	2,421.68
7	インド	2,073.54
8	イタリア	1,814.76
9	ブラジル	1,774.73
10	カナダ	1,550.54
11	韓国	1,377.87
12	オーストラリア	1,339.54
13	ロシア	1,326.02
14	スペイン	1,199.06
15	メキシコ	1,144.33
16	インドネシア	861.934
17	オランダ	752.547
18	トルコ	718.221
19	スイス	664.738
20	サウジアラビア	646.002
21	アップル	586.000
22	アルゼンチン	583.169
23	アルファベット(Google)	500.100
24	スウェーデン	492.618
25	ナイジェリア	481.066
26	ポーランド	474.783
27	ベルギー	454.039
28	イラン	425.326
29	マイクロソフト	407.000
30	タイ	395.282
31	ノルウェー	388.315
32	オーストリア	374.056
33	アラブ首長国連邦	370.293
34	エクソン・モービル	363.300
35	バークシャー・ハサウェイ	360.100
36	エジプト	330.779
37	フェイスブック	314.800
38	南アフリカ	312.798
39	ジョンソン・アンド・ジョンソン	312.600
40	香港特別行政区	309.929
41	マレーシア	296.218
42	イスラエル	296.075
43	デンマーク	295.164
44	シンガポール	292.739
45	アマゾン	292.600
46	コロンビア	292.080
47	フィリピン	291.965
48	ゼネラル・エレクトリック	285.600
49	パキスタン	269.971
50	ウェルス・ファーゴ	256.000
51	チャイナ・モバイル	241.000
52	チリ	240.216
53	アイルランド	238.02
54	ネスレ	235.700
55	JPモルガン・チェース	234.200

タイのGDPより時価総額が大きい。そして、上位100のうち45が企業であり、国ではない。それくらい多国籍企業は巨万の富を得て、強い力を持ち、世界を凌駕しているのである。

それにしても、なぜ多国籍企業はそれほどまでに儲けることができるのだろうか。

まず、前述した自由貿易が挙げられる。もしその「自由」を妨害されるようなことがあれば、彼らは国を訴えることができる。たとえば、水道事業をめぐってアルゼンチン政府は多国籍企業に訴えられ、1億6500万ドル（181億5000万円）の賠償金を支払った。こうした訴訟の多くで企業側が勝訴し、国が多額の賠償金を払っている。

次に、多国籍企業は世界全体を見渡して、どこに進出すれば安い労働力を使えるか、過酷な労働条件を課しても文句を言われないか、環境のことなど気にせず操業できるかを見定めて、世界的に事業を展開していることも大きな要因だ。その結果、きわめて低コストで商品や製品を製造できる。そして、それらを原価よりはるかに高い価格で売って、大きな利潤を手にする。さらに、儲かったお金は、後ほど説明するタックス・ヘイブン（租税回避地）に移し、ほとんど税金を払わない。これらを巧みに行い、大儲けをしている。

他方、その裏側では、進出地の零細企業がコスト面で太刀打ちできずに倒産し、失業者が発生している。多国籍企業の現地工場や下請け企業に雇われたとしても、給料が低いので、貧困からなかなか脱出できない。それどころか、過酷な労働で心身ともに壊れていく。病院に行きたくても、お金がない。そもそも道路や公共施設などの社会インフラが未整備なために、適切な病院での治療自体が受けられない場合もある。それゆえ、働き続けることが困難となり、失業に追い込まれ、貧困が深刻化する。

また、規制が緩いので、環境問題は十分に考慮されず、環境破壊が進む。あまりにも多国籍企業のやり方がひどいので、ときには反対運動が起こる。すると企業はその地を去り、違う国へ移動して同じことを行うのだ。

最近のCSR（企業の社会的責任）や、企業の利益と社会的価値双方の実現をめざすCSV（共通価値の創造）、ESG投資（環境、社会、ガヴァナンスに配慮した投資）などの潮流を受けて、企業も変わりつつある。とはいえ、基本的な構図は変わっていない。

こうして、多国籍企業は貧困を助長し、格差を拡大し、環境を破壊している。そして、ひいてはそうした絶望的な状況のもとで過激な思想が蔓延し、紛争やテロの温床ともなっているのである。

3　タックス・ヘイブン――パナマ文書が明らかにしたこと

どうして、そこまでして多国籍企業は儲けなければならないのであろうか。その点を考えるうえで、まず貧困と格差の原因についてタックス・ヘイブンの観点から吟味してみよう。

タックス・ヘイブン問題に大きく光を当てたのは、2016年4月に話題になった「パナマ文書」だ。パナマ文書は、ICIJ（国際調査報道ジャーナリスト連合）[3]がパナマの法律事務所（モサック・フォンセカ）から漏洩した機密文書に基づく記事を公表したもので、データ量は2・6テラバイト、ファイル数は1150万件だ。これは新聞の2600年分に相当する。

そこには、タックス・ヘイブンを利用している数多くの有名人の名前が登場した。たとえば、ロシアのウラジーミル・プーチン大統領の側近、中国の習近平《シーチンピン》国家主席の姉の夫、ウクライナのペトロ・ポロシェンコ大統領などだ。アイスランドのシグムンドゥル・グンロイグソン首相に至っては、これが原因で辞任に追い込まれた。そのほか、サッカーのリオネル・メッシ（アルゼンチン代表）や俳優のジャッキー・チェンの名前も出てきて、大きな話題となったのは、記憶に新しい。

日本では、伊藤忠商事、丸紅、ソフトバンクなどの関連会社、セコムの創設者、UCCグループのCEO（最高経営責任者）、楽天の社長などの名前が挙がり、注目を浴びた。

タックス・ヘイブン＝租税回避地の真実

タックス・ヘイブンを日本語に訳すと、租税回避地である。そこに稼いだお金を移せば、稼いだ国で税金を払わなくていい。タックス・ヘイブンは税金がほとんどかからないから、どこにも税金をほとんど払わなくてすむ。また、どこの企業や個人がお金を移したか、それがどのように使われたかなど、タックス・ヘイブンはすべて秘密にしてくれる。

しかも、それはとても簡単な手続きでできる。実体のないペーパー・カンパニーをタックス・ヘイブンに創設して、お金を移動させるだけである。法律も規制も緩いので、一般に金融市場では禁止されている空売り（証券会社から株を借りて売却し、その株が値下がりした時点で買い戻して利益を得る投資方法）などを繰り返し、マネーゲームで存分に儲けることができる。

タックス・ヘイブンというと、ヤシの葉がゆらゆらと揺れるカリブ海の島々をイメージされる方が多いかもしれない。たしかに、イギリス領ケイマン諸島（人口約6万人）やヴァージン諸島（人口約14万人、東側はイギリス領、西側はアメリカ領）などはタックス・ヘイブンである。

しかし、『タックス・ヘイブンの闇』を執筆したニコラス・シャクソンなどによれば、最大のタックス・ヘイブンはロンドンのシティ、二番目がマンハッタンである（Shaxson 2012）。そして、リヒテンシュタイン、アイルランド、スイス、オランダなど先進国の金融市場が続く。カリブ海の島々はロンドン・ネットワークあるいはマンハッタン・ネットワークのひとつにすぎない。こうしたタックス・ヘイブン・ネットワークがつながり合って、裏で膨大なお金が動いている。

「パナマ文書やタックス・ヘイブンなんて、所詮遠い外国の巨万の富を持つ金持ちや大企業の話で、自分には関係ない」と思われるかもしれない。ところが、実際は大いに関係しているのだ。たとえば、先週コーヒーを飲んだチェーン店。いま使っているスマートフォン。インターネットで用語などを検索するとき使う検索エンジン。インターネットで本を買うとき使っている企業。

スターバックス、アップル、グーグル、アマゾンは、すべてタックス・ヘイブンを利用していた、あるいは現在も利用している企業だ。そして、これらの企業が国家をも凌駕するほどの時価総額となっていることは、すでに見たとおりである。つまり、これらの商品やサービスを使ったことのある方は、間接的かもしれないが、知らないうちにタックス・ヘイブンを利用した「合法的脱税」に加担しているのだ。

脱税・節税・租税回避

いま「合法的脱税」という言葉を使ったが、脱税と節税、租税回避はどう違うのだろうか。

脱税は、払うべき税金を払わないことである。たとえば、日本のある企業が1億円稼ぎ、法人税として3000万円を納めなければならないが、払わない。これが脱税で、法律違反で罰せられる。

次に節税。たとえば、日本は税金が高すぎるから、ある企業が本社も活動拠点もマレーシアに移したとする。本社も活動拠点もマレーシアだから、日本では税金を納める必要がない。そして、移転先のマレーシアは税金が安い。たとえば、ボルネオ島北部に隣接するラブアン島(4)はタックス・ヘイブンだから、税金を払ってもわずかである。すると、合法的に節税ができる。

それでは、租税回避とは何か。いろいろな形態があるが、基本は形だけ本社や活動拠点の住所を自国からタックス・ヘイブンに移すことを指す。実際は本国に拠点を置き、活動しているにもかかわらず、形式上、本社や活動拠点はタックス・ヘイブンにあるので、本国では税金を納める必要がない。タックス・ヘイブンでも手数料や免許料を払うだけで、税金はほとんど納めなくてよい。形は合法だけれども、やっていることは違法とも考えられるので、「合法的脱税」と呼ばれることがあるのだ。

タックス・ヘイブンを利用している富裕層や大企業は、「合法的な節税対策だ」と主張する。しかし、お金をたくさん稼いでいる個人が、あるいは大企業が、結果として税金をどこにもほとんど納めないというのは、合法か違法かという以前の話ではないだろうか。

タックス・ヘイブンの問題点

そもそもお金持ちがお金持ちになった理由、企業が大きくなった理由を考えてみると、税制が大きくかかわっていることがわかる。税制によって国民が出し合ったお金を用いて、政府は医療、教育、福祉などを充実させ、人びとの暮らしが安定する。暮らしが安定しているから、人びとはモノやサービスを購入する。だから、企業も発展する。一方、富裕層や大企業が税金を払わなければ、彼らが儲けることができた土台、あるいは社会の土台が掘り崩される。長期的に見れば、自分たちの首を自分たちで絞めていると言ってもよい。

国民の多くを占めるサラリーマンは自動的に源泉徴収され、税を納めないという選択肢はありえない。ところが、お金持ちや大企業は、タックス・ヘイブンを利用して税金を払わなくてよいという選択肢を持っている。その結果、彼らが納めなかった税金の不足分のしわ寄せの大部分が国民にいくことになり、格差は拡大する。これは不公平で、不公正であることは、言うまでもない。このような状態が続けば、社会全体が不安定になり、すべての人びとにマイナスとなるのである。

さらに、タックス・ヘイブンの一番の問題は秘密性だ。つまり、どれだけ悪いことをして稼いだお金でも、タックス・ヘイブンに持っていけば、持ち主の名前や国籍は秘匿、あるいは変更してもらえる。だから、まずタックス・ヘイブンに口座をつくり、その新たな口座から別の口座にお金を移し、そこにアクセスして引き出せば、脱税や粉飾のような汚れたお金であっても、正当な手段で得たものになって戻ってくるというわけだ。これがいわゆるマネー・ロンダリングである。テロや紛争の資金の多くもタックス・ヘイブンを通して流れ、テロや紛争を助長していると言われている。

このようにしてタックス・ヘイブンに秘匿されている金額は、タックス・ヘイブン問題を専門とする国際NGOのタックス・ジャスティス・ネットワークによると、個人資産だけで21兆〜32兆ドル（2310兆〜3520兆円）である。

日本の国家予算は、だいたい100兆円だから、ざっと30倍である。これにきちんと課税すれば、年間１９００億～２８００億ドル（20兆９０００億～30兆８０００億円）の税収が得られると試算されている。同様に多国籍企業の租税回避に課税すれば、年間１０００億～２４００億ドル（11兆～26兆４０００億円）の税収が得られる。ということは、個人と企業を合計した31兆９０００億～57兆２０００億円が、「合法的脱税」で税を逃れているということになる。

もし日本の大企業や富裕層の１割がタックス・ヘイブンに資産を持っているとしたら、毎年３兆２０００億～５兆７２００億円の課税逃れをしている計算になる。ちなみに、日本企業によるケイマン諸島への２０１５年末の投資残高は74兆円で、アメリカに次いで２位だ。これに消費税と同じ８％を課税すれば、約６兆円の税収が得られる。

また、東京証券取引所に上場している時価総額上位50社のうち45社が子会社をタックス・ヘイブンに持っている。その総数は３５４、資本金総額は８・７兆円になるという[5]。

いま、子どもを保育園に預けることができない待機児童問題が危機的な状況である。それを解決するためには、保育士の月給を５万円程度上げないとならないと言われている。そのためには約３０００億円が必要になる。また、多くの大学生が、卒業後に奨学金を返済できなくて苦しんでいる。お金を心配しないで勉学に励むことができるように、返さなくてよい給付型の奨学金に変えようという議論もある。そのためには１兆～２兆円のコストがかかる。

仮にタックス・ヘイブンにきちっと課税をして、取るべきお金を企業や富裕層から取ることができれば、これらはともに実現できる。しかも、消費税を上げずに。

このように見ていくと、タックス・ヘイブンの問題は、「どこか遠い外国の富裕層や大企業の話」ではないことがよくわかる。それは、自らの生活と大きく関係する「身近な問題」なのである。

タックス・ヘイブンと資本逃避

次に、タックス・ヘイブンの問題を途上国との関係で見ていこう。

タックス・ジャスティス・ネットワーク会長のジョン・クリステンセンは、数十もの先進国の銀行、弁護士、会計事務所、タックス・ヘイブンがネットワークをつくり、途上国政府のエリートやトップと手を組んで、たとえばその国に贈与された政府開発援助(ODA)資金の一部をスイスをはじめとするタックス・ヘイブンの銀行に送金し、秘匿していることを明らかにしている(Christensen 2007a ; 2007b)。

その結果、貧しいアフリカから豊かな先進国へお金が逆流しているのだ。その額を計算すると、毎年約16兆2800億円。途上国全体から先進国へは、55兆円が流出している。世界の政府開発援助(ODA)の総額は約16兆円だから、55兆円—16兆円＝39兆円。つまり、年間40兆円近いお金が「貧しい」途上国から「豊かな」先進国へ流れている計算になる。その大きな原因が、タックス・ヘイブンを通じた資本逃避なのである。

これでは途上国にいくら援助しても、まるで「穴の開いたバケツに水を入れる」のと変わりがない。大切なのは、お金の流れを透明にして「漏れを防ぐ」こと、すなわちタックス・ヘイブン対策であることがわかるだろう。

マネーゲーム、1%のガヴァナンス、巨額の資金不足

タックス・ヘイブンに秘匿されたお金は、じっとタックス・ヘイブンにとどまっているわけではない。その多くは、マネーゲームに回っている。事実、世界の銀行資産の半分以上がタックス・ヘイブンを経由して送金されているし、国際的な銀行業務や債券発行業務の85%がタックス・ヘイブンで行われている(上村編著 2016：39―40)。

世界の実体経済の規模が2012年の時点で7942兆円なのに対して、マネーゲーム経済、つまり株、債券、通貨、デリバティブ(先物取引のような金融派生商品)の取引に大金を投入し、利ザヤで儲ける経済の大きさは、9京9110兆円である(1京円は1万兆円)。つまり、現在マネーゲーム経済は実体経済の12倍以上に膨れ上がり、世界経済を牛耳っているのである。

お金自体に善悪はない。大事なことは、お金がどう使われるかだ。良いことに使われれば社会は良くなるし、悪いことに使われれば社会が悪くなる。投資も同じだ。たとえば、環境や社会に貢献している企業の株を買って応援して、その企業の経営が強化されれば、環境や社会が良くなることにつながる。

他方、マネーゲーム経済をやっている人たちの目的は、お金儲けのみである。儲かれば、原発産業であれ、軍需産業であれ、どんな種類の企業であろうと関係ない。しかも、最近の金融取引は高頻度取引が主流になっている。コンピュータのプログラミングによって、少しでも儲けがあれば自動的に取引をさせる。たった1秒間で実に1000回以上の取引をするのだ。それによって社会的に問題がある企業の株が上がろうが、金融市場が不安定になろうが、彼らにとっては関係ない。その結果がリーマン・ショックであり、実体経済への多大な被害だった。

このようなマネーゲームを行う投資家に、企業も国も逆らえない。つまり、儲け続けなければならない。なぜなら、企業は株を売られれば倒産に、国は国債を売られれば経済破綻に追い込まれるからである。だから、児童労働、環境破壊、タックス・ヘイブンの利用、「自由」貿易の促進など、多国籍企業はどんな手段を使ってでも、たとえ社会的に反することであっても、利益第一でやるしかない。さもなければ、株主総会などで株主の追及を受け、経営陣は退陣を迫られるのである。

こうしたマネーゲーム経済の問題を無視して、格差・貧困問題、環境問題、紛争問題の解決はありえない。いまこそ、膨張したマネーゲーム経済をしっかりと規制、抑制しなければならない。

最大の問題は、マネーゲームで潤っている少数の金持ち、強者、大企業、大国が地球の運営を牛耳っていることだ。この事態はよく、「1%の、1%による、1%のためのガヴァナンス

（統治）」と表現される。問題の本質を捉える鍵は、権力（誰がものごとを決定するのに影響を与えているのか）とカネ（それによって、誰が得をしているのか）にある。

カネについて言えば、格差・貧困、環境、紛争など地球規模の課題を解決するには巨額な資金が必要だ。貧困、保健、教育などに毎年31兆円、途上国の気候変動対策に88兆円、これだけで１１９兆円。それに、先進国の気候変動対策費用を足すと、ざっと年間２００兆円を要する。他方、前述した世界のＯＤＡの総計は１年間で16兆円である。気候変動に流れる民間資金もあるが、せいぜい21兆円程度。これでは、地球規模の課題を解決するためには到底足りない。

ここまでタックス・ヘイブン、膨張するマネーゲーム経済、１％の統治、巨額の資金不足という大きな問題を見てきた。これらの解決は、容易ではない。しかし、その改善なくして、地球規模の課題は解決できないのである。

４　グローバル・タックスの仕組み

では、いったいどうしたらよいのだろうか。解決のためのキーワードは「山本山」だ。つまり、「上から」も「下から」もやるべきことをやるのである。

ここでいう「上から」とは、国際社会が協調してグローバル・タックスを実施することを指す。これだけグローバル化した世界をひとつの「国」とみなして、地球規模で税制を敷くのである。

グローバル・タックスには3つの柱がある。第一は、世界の金融情報を透明にして共有すること（＝タックス・ヘイブン対策でもある）。第二は、国境を超えた革新的な税を実施すること。第三は、グローバル・タックスの実施を通じて、1％のガヴァナンスを99％のガヴァナンスに変えることである。これらの3つの柱について、解説していこう（以下、上村雄彦『不平等をめぐる戦争』参照）。

第一の柱——情報の透明化と自動交換システムの確立

現在、経済協力開発機構（OECD）が「税源浸食と利益移転」（BEPS：Base Erosion and Profit Shifting）というプロジェクトを行っている。これは、主として、多国籍企業が国際的な税制の隙間や抜け穴を利用した租税回避によって税負担を軽減している問題に対処するために立ち上げられた。

2012年6月にOECD租税委員会（議長：財務省の浅川雅嗣財務官）BEPSプロジェクトを発足させ、13年7月に行動計画を発表。2015年10月には最終報告書を公表し、翌月のG20サミット(6)（トルコ・アンタルヤ）で報告された。このプロジェクトは大きく3つの議論と政策からなる。

①多国籍企業の活動の実態に即した課税を行うルールを策定する。
②多国籍企業の活動・納税実態の把握のための各国間の情報共有の枠組みを構築する。
③租税にかかわる紛争について、より明確で効果的な紛争解決の手続きを構築する。

さらに、（1）電子経済の発展への対応、（2）各国制度の国際的一貫性の確立、（3）国際基準の効果の回復、（4）透明性の向上、（5）法的安定性の向上、（6）BEPSへの迅速な対応に関して、15の具体的な行動原則が掲げられている。なかでも13番目の「多国籍企業情報の報告制度（移転価格税制に係る文書化）」は重要である。これは、各国で経済活動している多国籍企業の財務状況をきちんと報告させ、各国の税務当局が情報をつかんで共有することを意味する。そうすれば、多国籍企業の利益をトータルに把握・合算できるので、各企業がどれぐらいの利益があったのかがわかり、それに見合って課税できる。

たとえば、ある日本の多国籍企業が各国で利益をあげているとする。しかし、日本の利益だけ見ていると、ほんの一部しか把握できない。それに応じて税金を払うから、利益のほんの一部にしか課税されない。だが、多国籍企業は世界中で稼いでいるので、それらを合算すると大きな利益となる。したがって、多額の税を納めなければならない。このようにして、財務状況の全体像をつかんで合算して課税しようという政策である。

もうひとつの重要な政策は自動情報交換である。何を交換するのかというと、世界中の金融口座情報だ。各国の税務当局が、自国の国民であればタックス・ヘイブンを含めて世界のどこの銀行の口座情報でも把握できるように、税務当局間で自動的に口座情報を交換するシステムを構築しようとしている。これが完成すれば、当局間が互いに個人や企業の口座情報を得て、必要に応じて規制や課税を行うことができる。

「税源浸食と利益移転」と自動情報交換によって、お金の流れが透明になり、秘密性が薄れていく。そして、これらの情報に基づいて規制や課税が行われれば、タックス・ヘイブンを使うメリットが減る。こうして最終的にはタックス・ヘイブンをなくしていくという戦略が、第一の柱の核である。

第二の柱——国境を超えた革新的な税の導入

「国境を超えた革新的な税をかける」という観点からは、グローバル・タックスを次のように定義できる。

「グローバルな資産や国境を超える活動に課税し、グローバルな活動の負の影響を抑制しながら、税収を地球規模課題の解決に充当する税制」

たとえば地球炭素税を実施すれば、電気を使えば使うほど、ガソリンを使えば使うほど、化石燃料を使えば使うほど、税金を多く払わなければならないので、電気やガソリンや化石燃料の使用が抑えられ、CO_2の排出が削減される。その税収を再生可能エネルギーに向ければ、効果的な温暖化対策となる。

また、武器取引税によって武器を取引するたびに税金がかかれば、武器取引が抑制される。その税収を核兵器や化学兵器の廃棄や平和構築に使い、平和に貢献できる。

そして、本書のテーマと直接かかわる税が金融取引税だ。タックス・ヘイブンに回されたお金はマネーゲームに使われるから、それを抑制するために、株、債券、通貨、デリバティブなどの金融商品の取引ごとに課税するのである。金融取引をすればするほど税金がかかるので、1秒間に1000回以上の取引を行うような投機的取引が減少し、マネーゲーム全体が抑制され、金融市場が安定する。主要な国々が金融取引税を実施すれば、そうした投機的な取引を抑えながら、0・05％の税率で毎年72兆円500億円の税収を得られると試算されている。しかも、実体経済への影響は少ない（Schulmeister 2009）。

金融取引税、地球炭素税、武器取引税以外にも、通貨取引税、多国籍企業税、航空券連帯税、グローバル累進資本課税などさまざまな構想がある（表２）。これらをすべて実施すれば、理論上は年間約300兆円の税収が得られると試算されている。地球規模の課題の解決には、年間120兆～200兆円が必要だから、グローバル・

表２　課税対象と税の種類

課税対象	税の種類
金融	金融取引税、通貨取引税
国際交通	航空券連帯税、航空燃料税、バンカー油課税、国際船舶税
多国籍企業	多国籍企業税
情報通信	電子商取引税
軍需産業	武器取引税、武器売上税
エネルギー産業	地球炭素税、天然資源税
富裕層	グローバル累進資本課税

（注）バンカー油課税は、外航海運の船や航空機の燃料への課税。

タックスを実施すればこの費用のすべてがまかなえることになるのだ。

第三の柱——1%のガヴァナンスから99%のガヴァナンスへ

第三の柱は、グローバル・タックスの実施によって、現在の地球社会の運営(グローバル・ガヴァナンス)をより透明で、民主的で、説明責任を果たせるものにすることだ。つまり、グローバル・タックスの実施により、現在の少数の金持ち、強者、強国による「1%のガヴァナンス」から、「99%のガヴァナンス」に変えていくことである。

なぜ、グローバル・タックスの導入が、グローバル・ガヴァナンスの透明化、民主化、説明責任の向上につながるのだろうか。

現在の国際機関は、加盟国の拠出金によって成り立っている。したがって、ものごとを決定する理事会の理事は政府代表で占められ、彼らだけで意思決定がなされる。政府代表はそれぞれに国益をかかえているから、本当の意味で地球益のために決定していくのは難しい。

こうした拠出金で成り立つ既存の国際機関とは異なり、グローバル・タックスを財源とする国際機関は、桁違いに多数で、多様な納税者からの税を財源とする。税を取るからには、説明責任を果たさなければならない。そのためには、お金の流れや意思決定の過程を透明にするだけでなく、税収の使途などを民主的に決定するために、意思決定のプロセスに多様なステークホルダー(利害関係者)に直接かかわってもらう必要がある(図1)。

図１　グローバル・タックスを財源とする国際機関

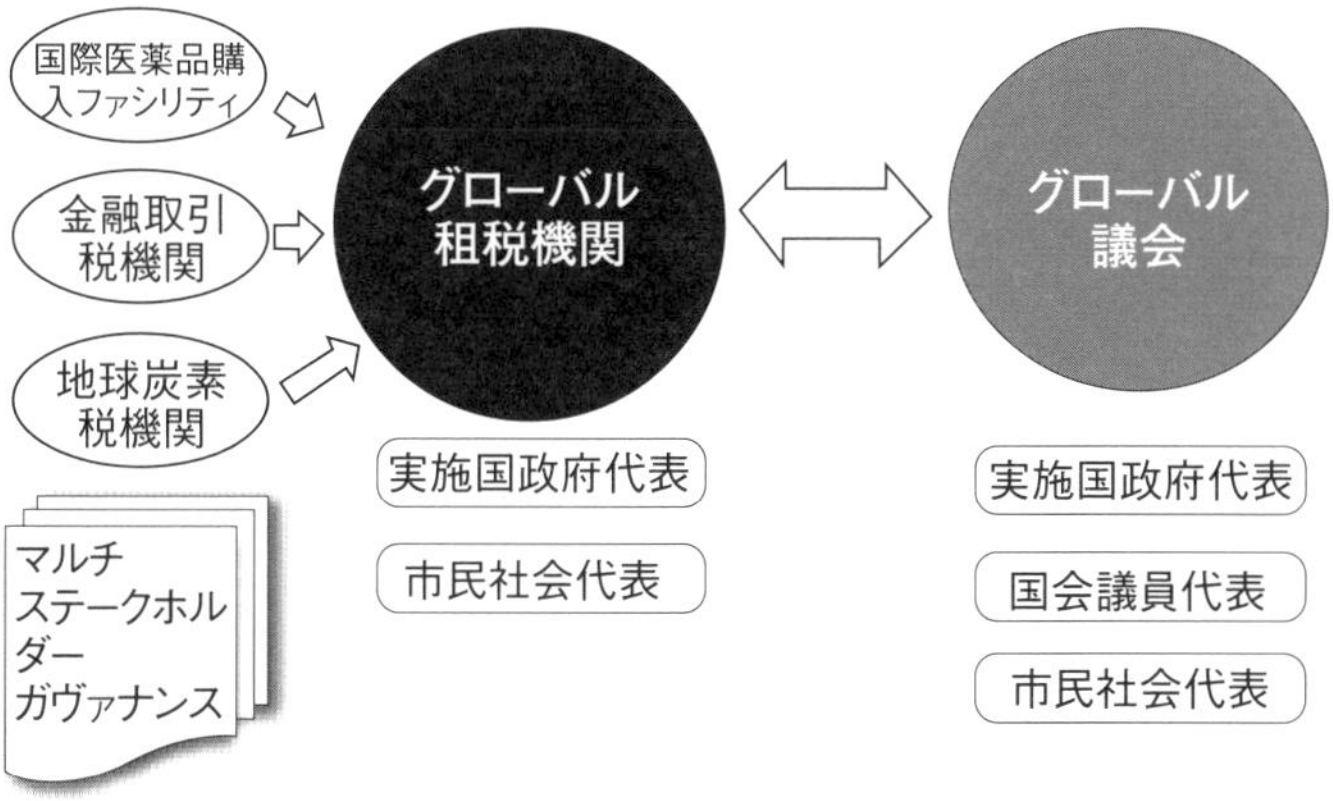

したがって、少数の政府代表がものごとを決定していくやり方から、多様なステークホルダーの関与によって決定していくガヴァナンスに変わっていく。また、人口の多さを議決に反映させるために、たとえば、大国３票、中間国２票、小国１票というように、人口に応じた議決権も考えられる。

さらに、グローバル・タックスによって財政的にも自主財源を持てるので、加盟国の拠出金に依存しなくてもよくなる。それは、国益のくびきから解放されて、純粋に地球益のために活動できることを意味する。

航空券連帯税の成果

以上のように、グローバル・タックスは大きな可能性を持つ。とするならば、あとは実現させるだけだ。その第一歩として、２００６年から航空券連帯税が実施されている。これは、飛行機に搭乗できる豊かな人に課税して、貧しい人に税収を再分配する政策である。

具体的には、たとえばフランスの場合、ファーストクラスやビジネスクラスに搭乗できる乗客は担税力があるから約５０００円の税金をかける。一方エコノミークラスの乗客には５００円だ。これはエールフランスだけに限らず、日本航空でも全日空でも適用される。フランスの空港を出発するすべての国際便に税金がかかる仕組みである。現在、フランス、チリ、韓国、マダガスカル、モーリシャス、ニジェール、マリ、カメルーン、コンゴ共和国、ギニアの10カ国が実施している。その他にも、ブルキナファソ、ガボン、コートジボワール、モロッコが導入を検討している。

税収は、国際医薬品購入ファシリティ（ＵＮＩＴＡＩＤ）という国際機関に納められる。ＵＮＩＴＡＩＤは航空券連帯税の安定した財源を用いて、製薬会社に対して大量かつ長期に購入する契約を結び、エイズ、マラリア、結核という三大感染症の薬の値段を劇的に下げた。２００６年以前は、エイズの治療には年間約１００万円が必要だったが、現在は実に１万円程度に下がっている。ＵＮＩＴＡＩＤとその財源となっている航空券連帯税のおかげで、三大感染症に苦しみながら、お金がなくて治療を受けられなかった途上国の人たちの受診が可能となった。

航空券連帯税の実施に加えて、現在ＥＵの10カ国（フランス、ドイツ、スペイン、イタリア、オーストリア、ベルギー、ギリシャ、ポルトガル、スロバキア、スロベニア）が、金融取引税の導入に向けて議論を続けている。「税源浸食と利益移転」や自動情報交換も動き出す。すでにグローバル・タックスの構想は用意され、国際協調によって一部は実施されているのである。

日本でも市民の声をあげよう

このように、「山本山」の「上から」はすでに動き始めている。あとは、「下から」だ。すなわち、私たち市民がそれぞれの政府に対して、声を上げていくことが求められている。「タックス・ヘイブンをなくし、マネーゲームを抑え、より民主的な地球社会の運営を実現し、地球規模の課題を解決する資金を得るために、グローバル・タックスを実施してほしい」と。

ＥＵ10カ国で金融取引税の議論が進んでいる大きな要因は、ＥＵ市民の66％が金融取引税に賛成しているからである（European Parliament 2012 : 20-23）。一方、日本はどうだろうか？　そもそもグローバル・タックスという言葉を聞いたことのある国民は、どれほどいるだろうか？

しかし、日本の状況を嘆く必要はない。日本でも２００６年に研究者やＮＧＯが「グローバル・タックス研究会」を発足し、08年には国会議員が「国際連帯税創設を求める議員連盟」を設立。２００９年には、国際連帯税議員連盟の諮問を受けて、国会議員、研究者、ＮＧＯ、金融業界、そしてオブザーバーとして、外務省、財務省、環境省、金融庁などの多様なステークホルダーから成り立つ、国際連帯税推進協議会（座長：寺島実郎・多摩大学学長、日本総合研究所会長。通称寺島委員会）が設立された。寺島委員会は２０１０年12月に最終報告書を刊行し、当時の菅直人財務大臣と前原誠司外務大臣に手交している。

さらに、２０１４年11月に、第２次寺島委員会を発足させ、２０１５年12月に最終報告書を完成させ、菅義偉内閣官房長官に手渡した。そして、２０１６年11月には、今度は外務省が主管官庁となり、「国際連帯税を導入する場合のあり得べき制度設計等に関する研究会」が創設され、現在、航空券連帯税、金融取引税、炭素税、パスポート連帯税などの具体的な制度設計を議論している。外務省は２００９年以降、毎年グローバル・タックスを財務省に要望し、現在与党である自民党の外交部会や税制調査会でも議論がされている。

これから必要なのは、「下から」の市民の声だ。日本でグローバル・タックスが導入されるかどうかは、私たちにかかっているのである。

（1）シリアとイラクで活動するイスラム過激派組織。英語名はＩＳＩＬ：Islamic State in Iraq and the Levant。

（2）２０１５年11月13日にフランスのパリで起きた同時多発テロ（死者１３０名、負傷者３００名以上）と、２０１６年3月22日にベルギーのブリュッセル空港などで起きた連続爆破テロ（死者35名、負傷者２００名以上）を指す。

（3）国際的な調査ジャーナリストで構成された報道機関。１９９７年に創設された非営利組織で、本部はアメリカのワシントンにある。現在65カ国、約１９０人が所属している。

（4）マレーシアの連邦直轄領で、面積85㎢。リゾート地だったが、１９９０年にオフショア金融サービスセンターが設立された。オフショアは、ビジネス用語では「海外の」という意味。
（５）http://editor.fem.jp/blog/?p=675
（６）構成国・地域は、アメリカ、イギリス、フランス、ドイツ、日本、イタリア、カナダ、欧州連合(ＥＵ)、オーストラリア、韓国、ロシア、中華人民共和国、インド、ブラジル、メキシコ、南アフリカ、インドネシア、サウジアラビア、トルコ、アルゼンチン。

〈参考文献〉


上村雄彦『グローバル・タックスの可能性――持続可能な福祉社会のガヴァナンスをめざして』ミネルヴァ書房、２００９年。

上村雄彦「グローバル金融が地球共有財となるために――タックス・ヘイブン、「ギャンブル経済」に対する処方箋」日本国際連合学会編『グローバル・コモンズと国連』(『国連研究』第15号)国際書院、２０１４年、57〜85ページ。

上村雄彦編著『グローバル・タックスの構想と射程』法律文化社、２０１５年。

上村雄彦「世界の格差問題をいかに解決できるか?―ピケティのグローバル累進資本課税と金融取引税の有効性を検討する―」『アジェンダ』第50号、２０１５年、48〜61ページ。

上村雄彦編著『世界の富を再分配する30の方法――グローバル・タックスが世界を変える』合同出版、２０１６年。

上村雄彦「タックス・ヘイブン」『先見経済』２０１６年、第62巻第６号、52ページ。

上村雄彦「タックスヘイブンとマネーゲーム」『金融ジャーナル』２０１６年８月号、82〜83ページ。

上村雄彦「真夏の夜の夢――パナマ文書、『舛添問題』、そして世界政府」『納税通信』第３４３４号、２０１６年。

上村雄彦「『グローバル・タックス』が世界を変える！――富の再分配と持続可能な世界の実現に向けて」『シノドス』２０１６年9月8日号。

上村雄彦「格差・貧困の原因と解決策についての一試論――タックス・ヘイブン、マネーゲーム経済、そして世界政府？」『税経新報』６４８号、２０１６年。

上村雄彦『不平等をめぐる戦争――グローバル税制は可能か？』集英社、２０１６年。

グローバル連帯税推進協議会「持続可能な開発目標の達成に向けた新しい政策科学――グローバル連帯税が切り拓く未来」『グローバル連帯税推進協議会最終報告書』２０１５年。

志賀櫻『タックス・ヘイブン――逃げていく税金』岩波書店、２０１３年。

諸富徹「金融のグローバル化とトービン税」『現代思想』30巻15号、青土社、２００２年、１４２～１６４ページ。

諸富徹『私たちはなぜ税金を納めるのか――租税の経済思想史』新潮社、２０１３年。

Brittain-Catlin, William , *"OFFSHORE: The Dark Side of the Global Economy"*, New York: Picador, 2005.（ウィリアム・ブリテェィン‐キャトリン著、森谷博之監訳『秘密の国オフショア市場』東洋経済新報社、２００８年。）

Chavagneux, Christian and Ronan Palan , *"Les paradis fiscaux"*, Paris : La Découverte, 2006.（クリスチアン・シャヴァニュー、ロナン・パラン著、杉村昌昭訳『タックス・ヘイブン――グローバル経済

を動かす闇のシステム』作品社、２００７年。）
Christensen, John, *"Mirror, Mirror on the Wall, Who's the Most Corrupt of All?"*,Tax Justice Network, 2007a.
Christensen, John, "*Combatting Tax Havens and Capital Flight*", presented at the Third Plenary Meeting of the Leading Group on Solidarity Levies to Fund Development in Seoul, 3 September, 2007b.
European Parliament, *Crisis and Economic Governance V, EUropean Parliament EUrobarometer (EB77.2): Summary,* Directive General for Communication, Directorate C-Relations with Citizens , Public Opinion Monitoring Unit, 2012.
Hertz, Noreena , "*THE SILENT TAKEOVER: Global Capitalism and the Death of Democracy*", New York: HarperBusiness, 2001.（ノリーナ・ハーツ著、鈴木淑美訳『巨大企業が民主主義を滅ぼす』早川書房、２００３年。）
Jetin, Bruno , "*La taxe Tobin et la solidarit? entre les nations*", DESCARTES & Cie, 2002.（ブリュノ・ジュタン著、和仁道郎訳『トービン税入門――新自由主義的グローバリゼーションに対抗するための国際戦略』社会評論社、２００６年。）
Kapoor, Sony, "A financial market solution to the problems of MDG funding gaps and growing inequality", Speech at the 3rd Leading Group Conference in Seoul, 3-4 September 2007.
Korten, David, "*When Corporations Rules the World*", Kumarian Press & Berrett-Koehler Publishers, 1995.（デビット・コーテン著、桜井文訳、西川潤監訳『グローバル経済という怪物――人間不在の世界から市民社会の復権へ』シュプリンガー・フェアラーク東京、１９９７年。）
Menon, Bhaskar, *Disarmament: A Basic Guide,* New York: United Nations, 2001.

Oxfam International,“*AN ECONOMY FOR THE 1 %: How privilege and power in the economy drive extreme inequality and how this can be stopped*”, 210 OXFAM BRIEFING PAPER,2016. https://www.oxfam.org/sites/www.oxfam.org/files/file_attachments/bp210-economy-one-percent-tax-havens-180116-en_0.pdf,last visited on 21 June 2016.

Peyrelevade, Jean,“*Le captitalisme total, Seuil et La République des Idées*”, 2005.（ジャン・ペイルルヴァッド著、林昌宏訳、宇野彰洋・山田雅敏監修『世界を壊す金融資本主義』ＮＴＴ出版、２００７年。）

Schulmeister, Stephan,“*A General Financial Transaction Tax: A Short Cut of the Pros, the Cons and a Proposal*”, WIFO Working Papers, No.344, 2009.

Shaxson, Nicholas,“*Treasure Islands: Uncovering the Damage of Offshore Banking and Tax Havens*”, Griffin, 2012.（ニコラス・シャクソン著、藤井清美訳『タックスヘイブンの闇――世界の富は盗まれている！』朝日新聞出版、２０１２年。）

Tax Justice Network,“*Revealed: global super-rich has at least $21 trillion hidden in secret tax havens*”, 2012. http://www.taxjustice.net/cms/upload/pdf/The_Price_of_Offshore_Revisited_Presser_120722.pdf,last visited on 10 November 2013.

あとがき

２０１６年は、貿易や投資のあり方の転換点として歴史に大きく刻まれるかもしれない。過去30年間にわたって推進されてきた自由貿易の矛盾と無理が露呈し、メガ経済連携協定は世界各国の人びとからノーを突き付けられた。

１％の強者によるＴＰＰに強く反対した、アメリカ大統領選挙での国民の政治的意思。環大西洋貿易・投資パートナーシップ協定（ＴＴＩＰ）やカナダＥＵ包括的経済貿易協定（ＣＥＴＡ）など地域主権を脅かす協定への、ヨーロッパ市民社会の猛烈な反対運動。また、オーストラリアやカナダなどＩＳＤＳによって提訴されてきた国は、その経験から投資家優先の自由貿易協定に懐疑的だ。アジア各国でも、医薬品アクセスや貧困削減・格差是正を妨げる自由貿易への批判が高まっている。中南米の小農民の粘り強い反グローバリゼーションの闘いもある。

こうして、一時は世界中を飲み込む勢いだったメガ経済連携協定は、人びとの抵抗によって破綻の危機を迎えている。では、次に何が起こるのか？　誰もが予測できない現在、私たちは大きな転換点に直面している。

貿易や投資を完全に否定することはできない。同時に、貿易も経済も、大企業や投資家のためではなく、人びとを幸せにするための営みだ。では、ここまで歪んだ形で、貧困や格差、環境破壊の元凶になっている貿易を、どのように変えていけばいいのだろうか。

私自身はこうした問題意識でこの数年間、さまざまな活動を行ってきた。本書の編集者であるコモンズの大江正章さんとともに共同代表を務めるアジア太平洋資料センター（PARC）が設立以来掲げる「日本と世界のつながりを捉え直し、オルタナティブな（もうひとつの）社会を創る」という理念が、その根底にある。

そうした取り組みのひとつとして2016年6月、PARCは国際シンポジウム「自由貿易は私たちを〝幸せ〟にするのか？――TPP・TTIP・TiSAが脅かす民主主義・環境・暮らし」を開催した。それは、世界各地で進むメガ経済連携協定を分析し、環境や人権の保護、ジェンダーの平等、貧困・格差の是正などを追求する市民社会からの対案を提示するための、横断的・学際的な取り組みの一歩である。本書はこのシンポジウムにおける国内外の専門家の報告がきっかけとなっている。

その後の半年間、世界の状況はめまぐるしく変化し続けてきた。本書では、一過性の課題を扱うだけに終わらないように、そして貿易や投資を考える視座を大きく転換するための提言をできるように、努めたつもりである。

日本ではいまだに「自由貿易イコール農業・工業の関税問題」と認識されている。だが、それは国際市民社会が立ち向かっている問題の本質ではない。本質は、ルールづくりの不正義であり、誰もが当たり前に生きていける地域や国を強者から取り戻すということだ。言い換えれば、自国の狭い利害の保護が、より脆弱な立場に置かれた他国の人びとの健康や人権、環境を破壊していないかという想像力と責任を持つことである。世界中でいま、自由貿易にもっとも従順であり、変革を恐れ、現状維持を求めている国の代表格は、日本だろう。その意味で、私たち自身が変わり、説得力のある対案を提示することが求められている。

なお、この国際シンポジウムは財団法人庭野平和財団のご支援をいただき、実現することができた。また、大江さんは半年がかりで編集に取り組んでくださった。改めてお礼を申し上げたい。最後に、本書に登場する執筆者はもちろん、巨大貿易協定を草の根の立場からウォッチし、日々情報収集して果敢に批判してきた海外の仲間たち、国内で一緒に活動してきた方々のすべてに感謝を申し上げたい。

２０１６年12月27日

内田　聖子

メリンダ・セント・ルイス(Melinda St. Louis)
アメリカ・ワシントンに拠点を置く市民団体パブリック・シチズンの「Global Trade Watch」(貿易・投資問題の担当部署)国際キャンペーン責任者。途上国の債務帳消しを求める国際キャンペーンの「ジュビリーアメリカネットワーク」に所属し、アフリカ・アジア、中南米の債務問題解決の主要人物。TPP や TTIP に関しても、精力的に情報収集と発信を行ってきた。パブリック・シチズンは 1971 年にラルフ・ネーダー氏が設立した消費者団体で、貿易、投資、環境、人権など幅広い分野で国会議員や政府へのロビイ活動やキャンペーン、情報発信を行う。
※パブリック・シチズンのウェブサイト：www.citizen.org/

ジョモ・K・スンダラム(Jomo Kwame Sundaram)
経済学者。マレーシア生まれ、イェール大学、ハーバード大学卒業。2005 ～ 12 年に国連経済社会局経済開発部事務局次長を務めたのち、国連食糧農業機関(FAO)経済・社会開発局の事務局次長兼コーディネーターとなる。2007 年に、経済学のフロンティアを切り開いた若手に贈られるワシリー・レオンチェフ賞を受賞。2008 ～ 09 年には、第 63 代国連総会議長を務めたニカラグアのミゲル・デスコト・ブロックマン氏のアドバイザーとしても活躍。ブロックマン氏は、IMF 体制の改革に関する国連専門家で構成する委員会のメンバーでもあった。

上村雄彦(うえむら・たけひこ)
横浜市立大学学術院国際総合科学群教授。大阪大学大学院法学研究科修士課程、カールトン大学大学院国際関係研究科修士課程修了。博士(学術、千葉大学)。国連食糧農業機関住民参加・環境担当官、千葉大学地球福祉研究センター准教授などを歴任。グローバル連帯税推進協議会委員、グローバル連帯税フォーラム理事なども務める。著書に『グローバル・タックスの可能性――持続可能な福祉社会のガヴァナンスをめざして』(ミネルヴァ書房、2009 年)『世界の富を再分配する 30 の方法』(編著、合同出版、2016 年)、『不平等をめぐる戦争――グローバル税制は可能か？』(集英社新書、2016 年)など。

【著者紹介】

内田聖子(うちだ・しょうこ)
NPO 法人アジア太平洋資料センター(PARC)共同代表。慶應義塾大学文学部卒業。出版社勤務などを経て 2001 年より同センター事務局スタッフ。自由貿易・投資協定のウォッチと調査、政府や国際機関への提言活動、市民キャンペーンなどを行う。TPP ウォッチの国際 NGO ネットワークにも所属し、アメリカ、ニュージーランド、オーストラリア、マレーシアなどの市民社会とともに活動。共著に『徹底解剖国家戦略特区――私たちの暮らしはどうなる?』(コモンズ、2014年)など。
※ PARC のウェブサイトhttp://parc-jp.org/index.html、ブログ http://uchidashoko.blogspot.jp/

首藤信彦(すとう・のぶひこ)
国際政治学者。伊藤忠商事勤務後、ジョンズホプキンス大学 SAIS 客員研究員、INSEAD 客員教授、東海大学教授、衆議院議員(民主党、3 期)などを歴任。専門は危機管理、予防外交、テロリズム研究。民主党内ではいち早く TPP への安易な加盟に対して反対を表明し、TPP 交渉のウォッチと情報分析、発信を積極的に行ってきた。著書に『現代のテロリズム』(岩波ブックレット、2001年)、『政治参加で未来を守ろう』(岩波ジュニア新書、2006 年、『TPP で自滅する日本型産業社会』(集英社イミダス(ネット版)、2016 年)など。

ローラ・ブリュッヘ(Lora Verheecke)
ベルギー・ブリュッセルに拠点を置き、EU 全域をカヴァーする調査・キャンペーン団体「Corporate Europe Observatory(CEO)」で調査研究とキャンペーンを担当。専門は貿易問題で、とくに TTIP に関する EU における活動のトップランナー。CEO は自由貿易とそれを牽引する大企業とロビイストたちの動きを日常的にウォッチし、社会正義や環境、貧困削減、人権、民主主義などの観点から批判を行うほか、EU 議会や各国の議員への政策提言やロビイ活動も積極的に行っている。
※ CEO のウェブサイト:http://corporateeurope.org/

自由貿易は私たちを幸せにするのか？

二〇一七年二月一日　初版発行

著　者　上村雄彦・首藤信彦ほか

発行者　大江正章

発行所　コモンズ

東京都新宿区下落合一―五―一〇―一〇〇二

TEL〇三（五三八六）六九七二

FAX〇三（五三八六）六九四五

振替　〇〇一一〇―五―四〇〇一二〇

info@commonsonline.co.jp

http://www.commonsonline.co.jp/

印刷・東京創文社／製本・東京美術紙工

乱丁・落丁はお取り替えいたします。

ISBN 978-4-86187-139-9 C 0033

＊好評の既刊書